왜
파타고니아는
맥주를 팔까

ESG 시대의 지속가능한 브랜드 관리 원칙

왜
파타고니아는
맥주를 팔까

신현암 · 전성률 지음

왜 머크는 공짜로 약을 주었을까

왜 가토제작소는 60세 이상만 뽑을까

왜 스타벅스는 전 세계 매장 문을 닫았을까

왜 인스톡은 유통기한 임박 재료로 음식을 만들까

왜 서스테인내추럴은 비건 콘돔을 개발했을까

흐름출판

가쓰시카 호쿠사이의 〈가나가와 해변의 높은 파도 아래〉

파도에 올라타거나, 휩쓸리거나

처얼썩 처얼썩 척 쏴아아.
때린다 부순다 무너버린다.
태산 같은 높은 뫼, 집채 같은 바윗돌이나,
요것이 무어야, 요게 무어야.
나의 큰 힘 아느냐 모르느냐, 호통까지 하면서,
때린다 부순다 무너버린다.
처얼썩 처얼썩 척 튜르릉 콱.

중고교 시절에 배운 최남선 시인의 〈해에게서 소년에게〉라는 시의 첫 부분이다. 천천히 읽어보면 어마어마한 파도가 때리고 부순 뒤 무너져버리는 장면이 머릿속에 그려진다.

거대한 파도가 높이 솟아오른 장면을 그대로 사진으로 찍는다면 어떤 모습일까? 일본 에도시대의 화가 가쓰시카 호쿠사이의 〈가나가와 해변의 높은 파도 아래(神奈川沖浪裏))가 떠오른다. 후지산을 배경으로 그린 판화 중 가장 인기 높은 작품이다.

집채 같은 파도라고 하면 또 하나 떠오르는 게 있다. 영화 〈폭풍 속으로〉다. 1991년에 개봉된 이 영화는 50년에 한번 만날 수 있다는 전설의 파도를 타길 꿈꾸는 서퍼이자 은행강도 패트릭 스웨이지와 역시 서퍼이지만 패트릭 스웨이지를 잡아야 하는 잠입 수사관 키아누 리브스의 마지막 모습이 짙은 여운으로 남아 있다. 영화의 마지막 장면에서 키아누 리브스는 거대한 파도를 타게 해달라는 패트릭 스웨이지의 호소에 그만 수갑을 풀어주고 만다. 그러자 패트릭 스웨이지는 집채만 한 파도 속으로 삼켜지듯 사라진다. 범죄자와 수사관이라는 악연을 넘어 서퍼에게 파도는 그런 것이리라.

거대한 파도 속에서의 서핑은 두렵다. 하지만 작은 파도 속에서의 서핑은 즐겁다. 캐리비안베이에 가면 서핑을 체험할 수 있는 서핑 라이드라는 곳이 있다. 이곳이 처음 생겼을 때 호기심 삼아 서핑 연습을 했던 기억이 새롭다. 비록 제대로 서보지도 못하고, 하루 종일 물가로 쓸려나갔지만 말이다. 어쩌다 한 번 해서는 결코 실력이 늘 수 없다. 서핑 실력을 늘리려면 어떤 환경에서 살아야 할까? 서핑을 좋아하는 사람은 어떤 직업을 가져야 할까?

원하면 아무 때나 파도를 탈 수 있다면 좋겠지만, 그런 환경에서 살 수 있는 사람은 별로 없다. 혹시 회사가 바닷가 근처에 있는데, 서핑할 만한 파도가 몰려오면 그 즉시 서핑을 허락해준다면 어떨까? 서퍼라면 이런 회사에 다니고 싶지 않을까?

파도칠 때 서핑을 허락하는 회사

등산용품 제조업체로 유명한 파타고니아(Patagonia)가 바로 그런 회사다. 직원들은 근무하다가도 좋은 파도가 오면 언제든지 파도타기를 하러 나갈 수 있다. 창업자인 이본 쉬나드가 자신의 경영철학이 담긴 책의 제목을《파타고니아, 파도가 칠 때는 서핑을(Let my people go surfing)》이라고 붙인 데는 다 그럴 만한 이유가 있는 것이다. 서핑뿐만이 아니다. 파타고니아에서는 직원이 스키를 타러 가거나 등산을 하러 가면 모든 비용을 회사가 부담한다. 서핑, 등산 등 운동을 좋아하는 사람에게는 최고의 직장이 아닐 수 없다.

이렇게 하는 데도 이유가 있다. 무엇보다 쉬나드 그 자신이 열정적인 등반가다. 자신에게 필요한 등반 장비를 만들다 보니 차린 회사가 파타고니아다. 파타고니아에서는 일과 놀이의 구분이 무의미하다. 쉬나드는 직접 즐겨본 사람만이 최고의 제품을 만들 수 있다고 믿는다. 그래서 직원들에게 등반 장비, 서핑 장비를 직접 써볼 기회를 준다. 심지어 매장 아르바이트 직원에게도 종합건강보험을 들어준다. 아르바이트로 돈을 벌어 모험을 즐기려는 스포츠광들을 회사로 끌어들이기 위해서다.

이들은 파타고니아 제품이 다른 회사의 제품보다 얼마나 탁월할지 잘 알고 있는 마니아층이다. 매장에서 만난 고객에게 제품을 팔려 하기보다는 그저 진정성 있게 자신의 경험을 이야기한다. 파타고니아가 아웃도어 시장에서 독보적인 기업이 될 수밖에 없는 이유다. 이 책의 제목을 '왜 파타고니아는 맥주를 팔까'라고 지은 데도 이유가 있다. 이를 이해하기 위해서는 파타고니아에 대해 좀 더 알아봐야 한다.

쉬나드는 1957년 암벽 등반 장비를 설계하고 제조하는 일을 시작한다. 처음 만든 제품은 암벽 등반을 할때 박는 피톤(piton)이었다. 하지만 피톤이 그가 사랑해 마지않는 암벽을 손상시킨다는 것을 깨닫고 피톤 대신 바위를 손상시키지 않는 초크(chock)를 만들었다.

암벽 등반을 하려면 옷도 중요하다. 당시에는 등산복이라는 개념이 없었다. 그러나 그의 생각은 달랐다. '등산복도 등산 장비의 한 종류'라고 여긴 것이다. 1970년 스코틀랜드로 겨울 등반을 떠났을 때 입은 럭비 유니폼이 아이디어의 시작이었다. '럭비 같은 격렬한 운동을 견딜 정도로 튼튼하고 옷깃이 있어 등반할 때 입으면 상처를 예방할 수 있는 옷. 이런 스타일로 만들면 좋지 않을까?' 1973년 파타고니아가 탄생한 배경이다.

등반과 모험이 좋아서 사업을 시작한 쉬나드는 환경 보호에 관한 한 그 어떠한 것과도 타협하지 않는 확고한 경영철학을 갖고 있다. 그래서 모든 면직 의류는 100퍼센트 유기농법으로 재배한 면으로만 만든다. 100퍼센트 유기농 면을 고집하는 데는 그럴 만한 계기가 있었다. 1988년 보스턴 직영점의 종업원이 몸이 좋지 않다고 호소했다. 조사 결과 지하실에 쌓아둔 티셔츠가 문제였다. 대표적인 유해 물질인 포름알데히드가 방출되고 있었던 것이다.

이 사건이 일어나기 전까지 쉬나드는 면직류의 원료인 목화는 환경에도 좋고 사람에게도 좋다고 굳게 믿고 있었다. 그런데 막상 재배 농가에 가보니 뜻밖의 일들이 벌어지고 있었다. 생산 농가의 농부들이 방독 마스크를 쓴 채 독한 농약, 심지어 고엽제를 목화에 뿌려대고 있었던 것이다. 당시 전 세계 농약 사용량의 25퍼센트가 목화 재배 농장에서 사용되고 있었다. 이 사실에 놀란 그는 그 이후 100퍼센트 유기 재배된 재료로만 옷을 만들기로 했다. 당연히 생산 단가가 높아질 수밖에 없으므로 제품 가격이 올라가 매출이 줄어들었어야 정상이다. 그러나 파타고니아의 경영철학에 동의하는 열성적인 소비자들이 대거 늘어나면서 수익 또한 증가하는 기현상이 나타났다.

2011년에는 한 걸음 더 나아가 '이 재킷(파타고니아의 제품)을 사지 마세요(Don't buy this jacket)'란 광고를 펼쳤다. 광고는 속성상 기본적으로 고객에게 자사 제품을 구매하라는 내용을 담는다. 그런데 오히려 구매하지 말라고 하니 이게 무슨 해괴한 전략인가? 아무리 친환경 제품이라고 해도 물건을 생산하고 소비하는 과정에서 환경에 나쁜 영향을 줄 수밖에 없다. 파타고니아는 새로운 제품을 사기보다는 가능한 한 기존 제품을 수선해서 쓰기를 권장하기 위해 이 같은 광고를 펼친 것이다. 언뜻 소비자의 눈길을 끌기 위한 전략으로 볼 수도 있지만, 수십 년 동안 파타고니아가 추구해온 경영철학과 연결시키면 이는 다른 브랜드가 따라올 수 없는 파타고니아만의 진정성 담긴 스토리가 된다.

최고의 브랜드 전략은 경영철학에서 시작된다

2012년, 파타고니아는 식품 시장에 뛰어드는 이례적인 선택을 한다. 왜 뜬금없이 식품 사업이었을까? 재킷이나 의류는 몇 년에 한 번씩 사지만, 식품은 매일 혹은 최소한 일주일에 한 번은 구매한다. 쉬나드는 환경을 보호하기 위해 진짜 해야 할 일은 식품 사업이라고 생각했다.

파타고니아가 가장 먼저 선보인 제품은 훈제연어다. 몸에 상처를 내지 않는 방법으로 잡은 연어를 훈제해서 만든 상품을 내놓았다. 2013년에는 별도 조직으로 파타고니아 프로비전즈(patagonia provisions)를 설립해서 100퍼센트 유기농 에너지바, 수프 등 제품 범위를 확대해 나갔다.

2016년에는 지구를 구하는 맥주, 롱 루트 에일(long root ale)을 선보였다. 맥주를 마시면 지구를 구한다? 맥주가 한 캔 팔리면 얼마씩 환경단체에 기부한다는 말일까? 내용을 들여다보면 파타고니아의 환경 보호에 관한 확고한 철학에 감탄을 금할 수 없다.

밀은 한해살이 작물이다. 다시 말해, 밀을 재배하기 위해선 해마다 밭을 갈아야 한다. 흙은 이산화탄소를 흡수하는 거대한 저장고다. 지구 토양에는 공기보다 3배나 많은 양의 탄소가 저장돼 있다. 그런데 밀을 재배하기 위해 트랙터 등 기계를 사용하는 대규모 기업형 농업이 확산되자 흙 속에 있어야 할 다량의 탄소가 지면 위로 배출되기 시작했다. 이는 기후 위기가 촉발시킨 탄소 중립 흐름과는 배치되는 농법이다. '화석연료에 의존하는 농업에서 탄소를 흙으로 돌려보내는 유기 농업으로의 전환'. 바로 파타고니아 프로비전즈의 지향점이다. 이를 환경재생형 유기 농업이라고도 한다. 파타고니아 프로비전즈가 일반적인 유기 농업과 다른 점은 밭을 경작하지 않는다는 것이다. 어떻게 이런 일이 가능할까? 맥주 원료로 우리가 흔히 알고 있는 밀이 아니라 여러해살이 밀 품종인 컨자(Kernza)를 쓰기 때문이다.

특이하게도 컨자는 살충제 없이도 잘 자란다. 뿌리를 통해 영양분이나 물을 모으는 기능이 뛰어나 생육에 필요한 물이나 비료 사용량이 적

파타고니아의 경영철학이 담긴 맥주, 롱 루트 에일

다. 뿌리 길이가 3미터가 넘을 정도로 땅속 깊이 뻗어 나가는 특성 덕택에 상당량의 이산화탄소를 땅속에 저장할 수 있어 기후변화에 대응하는 작물로 평가받고 있다.

그러나 파타고니아가 컨자로 맥주를 만들려 할 때만 해도 컨자를 재배하는 농가가 많지 않았다. 일반적인 밀은 기후의 영향을 별로 받지 않는다. 아무 곳에서나 잘 자란다. 하지만 컨자는 서늘하고 추운 지역에서만 잘 자랄 뿐, 따뜻하거나 비가 많은 지역에선 잘 자라지 않는다. 게다가 알곡 크기가 기존 밀알의 5분의 1에 불과하다. 기존 제분시설로는 낟알이 작은 컨자를 빻아 가루로 만들 수 없었다. 이런 이유로 농부들은 굳이 컨자를 재배하려고 하지 않았다. 그런데 파타고니아가 두 팔을 걷고 나섰다. 컨자를 원료로 한 맥주를 선보이기 위해 관련 기반 시설을 확충하고 재배 농가와 생산 계약을 맺은 것이다.

아무리 대의명분이 훌륭해도 맛이 없으면 팔리지 않는다. 파타고니아는 맥주 맛을 위해 HUB(Hopworks Urban Brewery)와 손을 잡았다. 2007년 창업한 이 회사는 미국 서해안의 맥주 제조 회사 중 지속가능한 사업을 의미하는 B코퍼레이션 인증을 가장 먼저 받은 곳으로 유명하다. 재생가능한 에너지를 사용해 환경을 보호하면서 세계적인 품질의 맥주를 지속적으로 만들겠다는 HUB와 파타고니아 프로비전즈는 의기투합했다.

세계 최초의 환경재생형 맥주는 이런 과정을 거쳐 탄생했다. 맥주 브랜드명을 '롱 루트(긴 뿌리)'라고 지은 것도 비슷한 맥락이다. 원료가 되는 컨자의 뿌리 길이가 3미터가 넘는 것을 강조한 작명이다. '왜 맥주 브랜드 이름이 '긴 뿌리'일까?'라는 호기심을 부추겨 그 사연을 알리면, 이에 공감하는 고객은 환경보호라는 취지에 기꺼이 동참할 것이라는 의도로 기획된 것이다. 기발한 발상이다.

사실 파타고니아는 술을 팔기 위해 이 사업을 벌인 게 아니다. 밀보다는 컨자가 환경보호에 갖는 중요성에 주목해 사업을 벌인 것이다. 그런데 맥주 브랜드를 컨자 맥주라고 해보자. 무슨 뜻인지 이해하는 데 시간이 많이 걸린다. 바쁜 사람은 눈길조차 주지 않는다. 낯선 단어이다 보니 호기심을 불러일으키기도 어렵다. 그래서 긴 뿌리 맥주라는 희한한 브랜드를 만든 것이다. 곰곰이 생각해봐도 이름을 참 잘 지었다.

파타고니아는 비상장 회사로, 기업공개를 거부하고 있다. 여기에도 긴 뿌리 맥주만큼 긴 안목이 담겨있다. 다음은 이본 쉬나드의 설명이다.

주식시장에 상장한 기업은 매년 전년 동기 대비 15퍼센트 정도는 성장해야 합니다. 그래서 많은 기업이 필요하지도 않은 수요를 자극해 성장을 도모합니다. 사람들은 성장이 좋은 것이라고 생각하지만, 건강하게 성장하는 것과 그저 몸집만 비대하게 성장하는 것에는 큰 차이가 있습니다. 상장 회사의 초점은 오로지 성장입니다. 논리적으로 가능한 범위를 넘어 오로지 성장만을 추구합니다. 그런데 기업 입장에서는 빨리 성장할수록 빨리 죽을 수밖에 없습니다. 장기적 계획에 집중할 수 없기 때문입니다.

건강함과 비대함의 차이. 장기적 계획의 결여. 이런 문제로 주식 시장에 상장하지 않겠다는 것이다. 무분별한 성장보다는 다소 더디더라도 질적으로 충실한 성장을 추구하겠다는 것이다. 파타고니아는 앞으로 소개할 ESG와 MZ세대의 등장이 몰고온 변화에 가장 걸맞은 브랜드 원칙을 갖춘 기업이다.

다 함께 파도를 타보자

이 책은 ESG와 MZ세대의 등장이라는 새로운 변화 속에서 지속가능한 브랜드를 만들고자 하는 이들을 위한 지침서로 쓰여졌다. 비즈니스의 이론과 현장을 오가며 브랜드들의 흥망성쇠를 보아온 사람들로서 지속가능한 브랜드, 오랫동안 사랑받는 브랜드의 원칙을 담으려고 노력했다.

1부에서는 모두가 말을 하지만 누구도 정확히 모르는 ESG의 핵심 내용과 그것이 비즈니스 환경에 미치는 영향을 살펴본다. 또한 새로운 소비 주체로 떠오른 MZ세대의 특성을 살핀다.

흔히 MZ세대를 한 묶음으로 표현하지만 자세히 들여다보면 여기에도 차이가 있다. M세대는 베이비붐 세대의 자녀들이다. 원래 Y세대라고 했는데, 2000년 스무 살이 되면서 M, 즉 밀레니얼 세대라고 불렸다. 이들은 가장 스마트한 소비자이면서 디지털 마케팅에 능숙한 소비자다. 제품을 볼 때 가격만 따지지 않고 브랜드 이미지, 사회적 의미 등 다양한 요소를 살핀다. Z세대는 부모가 X세대다. 베이비부머 세대야 '잘 살아보세'가 최고의 가치였겠지만, X세대는 그렇지 않다. 학생 때부터 정치가 무엇인지 명분이 왜 중요한지 알았다. 그런 이들을 부모로 두고 태어난 세대가 Z세대다. 이들은 M세대와 동급으로 취급받는 것을 싫어한다. 서구권에서는 2003년생인 스웨덴 환경운동가 그레타 툰베리를 Z세대의 대표적 모델로 보고 있다. 이들은 다양성, 환경, 동물 복지에 대해 자연스레 이야기한다.

ESG와 MZ세대의 부상과 함께 요즘에는 브랜드 전략을 이야기할 때 해당 기업의 경영철학부터 살피게 된다. 왜 그 브랜드가 존재해야만 하는지 '존재 이유(raison d'être)'를 이야기하고, 무엇을 추구하는지 '목적(purpose)'을 말한다. 그러지 못하는 브랜드는 설 땅을 찾기 어려워졌다.

한 가지 덧붙이자면, 브랜드 전략과 경영철학을 분리해 생각할 필요는 없다. 스티브 잡스는 경영자, 그의 회사는 애플(Apple), 그 회사에서 만든 제품은 아이폰이다. 잡스의 생각을 경영철학, 애플의 브랜드 전략을 기업 브랜드 전략(또는 철학), 아이폰의 브랜드 전략을 제품 브랜드 전략이라고 한다. 제품 브랜드 전략보다는 기업 브랜드 전략이 장기간 유지된다는 특성을 지닌다. 경영철학은 CEO가 그 직을 유지하는 한 계속 유지되며, 탁월한 CEO의 철학은 후임 CEO가 이를 잇기 위해 노력한다.

필자들은 ESG 시대에 오래도록 사랑받는 브랜드가 갖춰야 할 원칙으로 ACES 모델을 소개한다. ACES는 각각 적합성(Adaptability), 일관성(Consistency), 효율성(Efficiency), 당위성(Substantiality)을 의미한다(보다 자세한 내용은 본문 1부 3장을 참조하라).

파타고니아의 사례를 ACES모델로 분석하면 다음과 같다. 기업은 내외부 환경 변화를 고려해서 그에 적합한 경영 전략을 수립한다. 현 시대의 화두는 단연 ESG로, 모든 기업은 전략을 세울 때 ESG를 고려한다. 환경보호에 관한 한 파타고니아는 어느 기업에도 뒤지지 않는다. **적합성**이 높다.

브랜드 전략을 수립할 때 **일관성**을 중시해야 함은 기본이다. 오죽하면 P&G는 자사의 브랜드 전략이 3개의 C인데, 그 C가 'Consistency, Consistency, Consistency'라며 일관성을 세 번 반복한다는 말까지 있겠는가. 창업 때부터 환경보호를 강조해온 파타고니아는 일관성 또한 합격이다.

효율성이라면 투자 대비 회수, 인풋 대비 아웃풋이 먼저 떠오른다. 그러나 파타고니아가 식품 사업에 뛰어든 이유는 어쩌다 한 번 구매하는 의류 제품만으로는 세상을 바꾸기 힘들다고 판단해서였다. 소비자가 매일매일 사용하는 식품에 ESG를 접목시켜서 그들의 브랜드 철학을 보다 효율적으로 전달하고자 했다. 앞으로 효율성의 진정한 의미는 이렇게 바뀔 것이다.

당위성은 소비자로 하여금 '그렇지. 이런 이유가 있으니까 이 제품은 꼭 사야지'라고 결심하도록 만드는 행위다. 이런 결심을 일으키려면 다양한 소비자 접점에서 고객이 특정 경험을 할 수 있어야 한다. 파타고니아는 '이 자켓을 사지 마세요'라는 광고, '롱 루트'라는 브랜드를 통해 소비자에게 구매 의욕을 불러일으켰다.

어떻게 하면 사랑받는 브랜드를 만들 수 있을까? 글로벌 기업 중 사랑받는 기업들은 어떤 브랜드 전략을 전개하고 있나? 이러한 호기심을 바탕으로 전 세계 기업들을 뒤져보았다. 흥미로운 사례가 제법 발견됐다. 그중 시사점이 중복되는 사례는 모두 정리하고 유의미한 사례들만 모았다. 각 부 끝에 등장하는 실패 사례들도 나름의 의미가 있을 것이다. 당장 전략 수립이 급한 독자라면 2부부터 읽으면 된다. 그렇더라도 가급적 시간을 내어서 처음부터 읽기를 권한다. ESG를 이만큼 깔끔하게 정리한 책도 찾기 힘들기 때문이다.

ESG 파도가 몰려오고 있다. 그 높이가 집채만 하다. 이런 파도를 뚫고 제대로 서핑을 하기 위해서는 지속가능한 브랜드, 오랫동안 사랑받는 브랜드가 되어야 한다. 여러분 회사의 브랜드 리포지셔닝 전략을 수립하는 데 이 책이 조금이라도 도움이 되길 바란다.

2부 · 적합성, 파도가 칠 때에 서핑을

3부 · 일관성, 파도가 칠수록 초심을

4부 · 효율성, 큰 파도일수록 더 과감히

5부 • 당위성, 다 함께 파도를 타자

1부

우리에겐

새로운 브랜드 언어가

필요하다

1장

비즈니스의 문법이 바뀌고 있다

방아쇠 : 래리 핑크의 편지 한 통

세상의 모든 변화에는 트리거(trigger, 방아쇠), 결정적 계기가 있다. 비즈니스에도 마찬가지다. 새로운 시장, 새로운 수요를 창조하는 데 있어 가장 큰 장애물은 소비자의 관성, 의심, 습관, 무관심이다. 총을 쏘려면 방아쇠를 당겨야 하듯, 관성을 타파하고 습관을 바꾸려면 결정적 계기(트리거)가 있어야 한다. 세계적 컨설턴트 에이드리언 슬라이워츠키는 그의 대표적인 저서 《디맨드(Demand)》에서 다음과 같이 말했다.

사람들은 보통 더 많은 마케팅, 더욱 뛰어난 광고, 더욱 공격적인 판촉 활동, 쿠폰 배포, 할인으로 수요를 창출할 수 있다고 생각한다. 하지만 그렇지 않다. 진정한 수요는 그러한 전술적인 방법들과 무관하다. 진정한 수요 창조자들은 사람을 이해하는 데 자신들의 모든 시간을 쏟아붓는다.

슬라이워츠키는 수요 창출 과정에서 가장 중요한 것으로 트리거를 꼽았다. 예를 들면, 이런 것이다. 넷플릭스(Netflix)는 1997년 우편으로 영화 DVD를 대여하는 비즈니스 모델로 출발했다. 넷플릭스에 유료 회원 수는 수익과 성장의 지표였다. 기존 회원을 지키고 신규 회원을 늘리는 데 목숨을 걸어야 했다. 넷플릭스는 미국 전역에서 회원 수를 늘리기 위해 열심히 노력했다. 그런데 넷플릭스 본사가 있는 샌프란시스코에서는 회원 수가 확연히 증가했지만 다른 지역에서는 좀처럼 성과가 나지 않았다.

"샌프란시스코에서는 회원 수가 늘어나는데, 왜 다른 지역은 지지부진할까요?"

여러 의견이 나왔다. "본사가 여기 있잖아요. 직원들이 주변에 가입 권유를 많이 해서 그런 것 아닐까요?"

실제 조사해보니 그렇지 않았다.

"샌프란시스코에는 첨단 기술자가 많이 살고 있죠. 인터넷에 도사들이라 온라인 쇼핑에 익숙한 덕분이 아닐까요?"

실제 조사해보니 그렇지 않았다.

"샌프란시스코는 상대적으로 부유한 동네입니다. 넷플릭스는 사치품이지 필수품이 아니죠."

그렇다면 뉴욕의 회원 증가율이 탁월해야 한다. 그런데 그렇지 않았다.

"여기는 캘리포니아입니다. 영화 산업의 본거지죠. 다른 지역보다 영화광이 많을 겁니다." 그렇다면 로스앤젤레스에서 최고의 성과를 내야 했다. 역시 그렇지 않았다.

답은 의외의 곳에 있었다. 넷플릭스의 DVD 유통센터가 샌프란시스코에 있었던 것이다.

넷플릭스의 초기 사업 모델은 이랬다. DVD를 빌린 고객이 이를 다 보고 나면 DVD를 우체통에 직접 넣는다. 그러면 우편 시스템을 통해 DVD가 유통센터로 반납되고, 고객이 작성한 영화 신청 리스트에 따라 다음 DVD가 고객의 집으로 배송된다. 유통센터가 가까이 있다 보니 샌프란시스코 주민들은 늦어도 이틀 안에 원하는 영화를 볼 수 있었다. 다른 지역은 그렇지 못했다. 바로 이 점이 수요 확산의 장애물이었다. 넷플릭스는 곧바로 주요 도시마다 유통센터를 만들었다. 고객 가입률은 순식간에 2배로 늘어났다. 유통센터가 초창기 넷플릭스의 성장 트리거였던 셈이다.

요즘 글로벌 기업들이 금과옥조처럼 내거는 구호가 있다. 바로 ESG 다. ESG는 환경(Environmental), 사회(Social), 지배구조(Governance)의 첫 글자를 모은 것이다. 기업의 비재무적 요소인 ESG가 기업의 가치와 성과를 측정하는 주요 지표로 떠오르고 있다. ESG 열풍을 두고 한때 지나가는 트렌드나 유행으로 보는 시각도 있었지만 이제는 국가, 정부가 주목하는 중요한 흐름으로 인정받고 있다. 그렇다면 ESG를 전 세계에 퍼트린 트리거는 무엇일까? 블랙록(Blackrock)의 래리 핑크가 2020년 1월 14일 보낸 편지 한 통이 이 거대한 흐름을 일으킨 '방아쇠'였다.

블랙록은 세계 최대 자산운용사다. 전 세계 자산운용사가 굴리는 자금은 약 100조 달러. 블랙록은 이 중 10조 달러 정도를 운용하고 있다.

2021년 말 기준으로 시장가치가 1조 달러가 넘는 회사는 애플, 마이크로소프트(Microsoft), 알파벳(Alphabet, 구글의 지주회사), 사우디 아람코(Saudi Arabian Oil Company), 아마존(Amazon) 정도다. 메타(Meta)로 사명을 바꾼 페이스북(Facebook)도 1조 달러가 되지 않는다. 블랙록이 운용하는 자금이면 이들 중 4곳을 사도 돈이 남는다.

이런 규모의 회사가 2020년 연례 서한에서 "ESG를 자산 운용에 적극 반영하겠다"고 선언했다. 대표적으로 화석연료 관련 매출이 전체 매출의 25퍼센트가 넘는 기업들을 투자 대상에서 제외하고 ESG를 추종하는 상장지수펀드(ETF)를 지금의 2배인 150개 이상으로 늘리기로 했다. 이때부터 우리나라에서도 ESG를 공부하자는 바람이 불기 시작했다.

2021년 블랙록은 한 발 더 나아간다. "2050년 넷제로(net zero, 탄소 중립) 달성에 부합하는 사업계획을 공개해달라"고 투자 대상 기업들에 요구한 것이다. 2050년 넷제로 달성 목표를 기업의 비즈니스 모델과 장기 전략에 어떻게 통합할지 밝혀달라고 했다. 2022년에는 '자본주의의 힘(The Power of Capitalism)'이란 개념을 강조했다. "이해관계자 자본주의는 정치에 관한 것이 아니다. '깨어 있는 척하는(woke)' 것이 아니다. 당신과 직원, 고객, 협력업체, 회사가 번창하기 위해 의존하는 지역 사이의 상호 유익한(mutually beneficial) 관계에 의해 움직이는 것이다. 이것이 자본주의의 힘이다"라고 힘주어 말했다.

세계의 큰손 블랙록의 공격적인 서한이 트리거가 되어 ESG는 전 세계 기업의 뜨거운 감자가 됐다.

뜨겁지만 헷갈리는 그 이름, ESG

ESG가 불러온 변화는 구체적으로 어떤 것일까? 쉽게 말하자면, 경영 측면에서 지금까지는 재무적인 측면을 고려해서 의사결정을 했는데, 앞으로는 ESG라는 비재무적인 측면도 고려해서 의사결정을 하자는 것이다. 어디선가 많이 들어본 소리 같지만 헷갈리는 것도 사실이다. 실제로 강의 현장에 가면 다양한 질문들이 쏟아진다.

"환경이 중요하다는데, 왜 환경(E) 말고도 사회(S), 지배구조(G) 얘기가 나오나요?"

"환경을 위해서, 사회를 위해서라는 말은 이해가 가는데 지배구조를 위해서라는 말은 이해되지 않아요."

"사회라고 할 때 이게 인권을 말해요, 아니면 기업의 사회 공헌을 말해요?"

이런 질문들에 명확히 답하기란 쉽지 않다. 기업 경영과 마케팅 분야에서 평생 일한 필자들도 답답하긴 마찬가지였다. 길을 헤매던 차에 의외의 곳에서 답을 찾았다. 바로 제프리 삭스였다.

제프리 삭스 컬럼비아대학 경제학과 교수는 빈곤 및 경제개발 분야에서 세계 최고의 석학으로 꼽힌다. 국제연합(UN) 7대 사무총장 코피 아난, 8대 총장 반기문, 9대 총장 안토니우 구테흐스의 브레인으로도 유명하다. 제프리 삭스의 대표적인 업적으로 밀레니엄 개발 목표(Millennium Development Goals, MDGs)의 구체화와 지속가능 개발 목표(Sustainable Development Goals, SDGs)의 수립을 들 수 있다. ESG는 제프리 삭스의 아이디어에 기댄 측면이 많다. 하나씩 자세히 살펴보자.

UN은 2000년 '2015년까지 세계의 빈곤을 반으로 줄이겠다'는 기치 아래 MDGs를 채택했다. 이를 위해 보편적 인권과 평화와 안보, 경제 발전, 환경의 지속가능성, 극단적 빈곤의 대폭 축소 등을 추구했다. MDGs의 영향으로 아프리카에선 기반시설이 증축되고 교육 접근성이 개선됐다. 남아시아 지역에선 유행성 전염병이 통제돼 유아 사망률이 낮아졌으며 절대적 빈곤이 개선됐다. 효과를 본 것이다.

15년이 지난 2015년에는 2016년부터 2030년을 대상으로 SDGs를 새로이 채택했다. SDGs는 총 17개 목표로 구성되는데, 크게 경제적 번영(빈곤의 해결), 사회적 통합과 화합, 환경의 지속가능성으로 나눌 수 있다. 이러한 목표를 실질적으로 추진하기 위해 '적절한 지배구조'가 필요하다고 제시했다. 이와 관련, 제프리 삭스는 4가지 요소(정확히는 3+1)가 SDGs의 핵심 토대라고 강조했다.

얼핏 비슷해 보이는 MDGs와 SDGs의 차이는 무엇일까? 대부분 가난한 나라에만 적용되고 부유한 나라는 기부자 역할을 하는 MDGs와 달리 SDGs는 선진국이나 개발도상국 모두에 적용되는 의제다. 선진국 '미국'도 아프리카의 빈국 '말리'도 모두 똑같이 지속가능하게 사는 법을 배워야 한다는 것이다. 부유한 나라도 가난한 나라와 마찬가지로 더 많은 사회 통합, 양성평등, 저탄소의 회복력 있는 에너지 시스템이 필요해졌기 때문이다.

그런데 경제적 번영, 사회적 통합과 화합, 환경의 지속가능성, 그리고 적절한 지배구조 이 4가지 요소는 따로 해결할 수 없다. 기후 문제가 사회적 변화를 유도하고, 가뭄이 분쟁과 전쟁으로 이어지기 때문이다. 이 4가지 요소 중 현재 가장 중요하게 다뤄지는 이슈는 '환경'이다.

환경은 한번 망가지면 돌이킬 수 없다. 회복 탄력성이 다른 요소들보다 훨씬 떨어진다.

E(환경), 탄소를 줄여라

2012년 설립된 비영리 단체로, 인류의 건강한 삶을 위한 경제 및 사회과학에 관한 연구를 진행하는 독일의 MCC연구소(Mercator Research Institute on Global Commons and Climate Change)는 전 세계 이산화탄소 배출량을 반영한 탄소시계(Carbon Clock)를 운영하고 있다.

MCC연구소에 따르면 인류가 기온 관측을 시작한 1880년을 기준으로 지구 온도가 1.5도 상승하는 시점은 대략 2028년 1월, 지구 온도가 2.0도 상승하는 시점은 2045년 11월이다. 그런데 2도 상승을 막지 못할 경우, 돌이킬 수 없는 환경 재앙이 일어날 것이라는 게 전 세계 과학자들의 유력한 시나리오다. 우리에게 남은 시간은 그리 많지 않다. 100퍼센트 재생에너지로 기업을 운영하겠다는 RE100, 그린에너지, 탄소 경제, 자동차 전동화 등 최근의 경영 이슈 중에서 환경 문제와 결부되지 않은 것을 찾기 어려운 이유가 여기에 있다.

회자되고 있는 용어를 몇 가지 살펴보자.

탄소 네거티브(Carbon Negative)는 기업이 배출하는 온실가스(주로 이산화탄소)의 양보다 흡수하는 온실가스의 양을 늘려 이산화탄소 순배출량을 마이너스로 만들자는 것이다. 이 개념은 마이크로소프트가 2030년까지 탄소 네거티브를 달성하겠다고 공표하면서 주목받기 시작했다. **탄소 포**

지티브(Carbon Positive)라는 용어도 있다. 탄소 네거티브의 반대말이 아니다. 탄소 배출량을 적극적(Positive)으로 관리하겠다는 야심 찬 표현이다. 이 용어를 사용하는 대표 주자가 머리말에서 소개한 파타고니아다.

넷제로도 들어봤을 것이다. 넷제로는 탄소 배출량과 탄소 흡수량이 동일한 상태를 지칭한다. 마이크로소프트는 2030년 탄소 네거티브, 2050년 이산화탄소 배출 제로를 목표로 하고 있다. 넷제로가 아니라 배출 제로다. 엄청난 계획이다. 이를 위해 2025년까지 재생에너지만 사용하는 시스템을 구축하겠다는 발표했고, 이를 현실화하기 위해 노력하고 있다.

탄소 제로 시스템을 구축하는 데는 천문학적인 돈이 든다. 그런데도 이윤을 최고의 가치로 여기는 글로벌 기업들이 왜 다들 탄소 배출 제로에 나서는 걸까? 이를 알아보기 전에 잠깐 샛길로 빠져보자.

지구의 대기 중 질소는 78퍼센트 정도로 가장 많은 부분을 차지한다. 그다음 산소가 21퍼센트, 아르곤이 0.9퍼센트다. 이 세 종류가 지구 대기의 99.9퍼센트를 구성한다. 기후변화의 주인공인 이산화탄소는 0.03퍼센트에 불과하다. 하지만 그 특성이 문제다. 질소, 산소, 아르곤은 지표에서 우주로 나가는 적외선을 거의 흡수하지 못한다. 반면 이산화탄소는 적외선을 흡수한다. 이산화탄소가 적외선을 흡수하면 탄소 분자는 들뜬 상태가 된다. 다시 안정 상태를 유지하기 위해 에너지를 방출하는데, 이 에너지가 지구를 뜨겁게 만든다. 이 현상을 흔히 '온실효과'라고 부른다. 지구 평균 기온이 15도를 유지하는 것은 바로 이 온실효과 때문이다.

산업혁명 이후 화석연료 사용이 급격히 늘어나면서 이산화탄소 배출량 또한 급증해 대기 내 이산화탄소 양이 늘고 있다. 산업혁명 이전에는 대기 중 이산화탄소가 0.03퍼센트였는데 지금은 0.04퍼센트 정도다. 미미한 변화 같지만 불과 0.01퍼센트포인트 늘어난 영향으로 지구의 평균 온도는 산업혁명 이전보다 1도 올랐다. 만약 현재의 추세가 그대로 유지되어 지구의 온도가 1도 더 오른다면 해수면 상승, 농작물 피해, 대형 산불 등 엄청난 환경 재앙이 발생할 수도 있다.

실제로 지구의 온도가 상승하면서 평균 해수면의 높이는 지난 20세기 동안 약 15센티미터 높아졌다. 1990년과 비교하면 2100년까지 해수면은 20~90센티미터 정도 더 상승할 것으로 예측된다. 앞으로 수십 년에 걸쳐 온실가스 배출량을 대폭 줄이더라도 그간 배출된 온실가스의 양 때문에 지구의 온도 상승은 상당 기간 지속되어 해수면은 계속 높아질 것으로 예상된다. 세계 인구의 약 40퍼센트가 해안으로부터 100킬로미터 이내에 살고 있으며, 1억 명에 달하는 사람들이 해발고도 1미터 이내 지역에서 살고 있음을 고려할 때, 이러한 변화는 엄청난 비극을 초래할 가능성이 높다.

따라서 재앙을 방지하기 위해 추가 상승을 0.5도 선에서 막아보자는 것이 전 세계 국가와 국제기구, 글로벌 기업들의 목표다. 기후변화에 대응하는데 가장 속도를 내고 있는 크리스틴 라가르드 유럽중앙은행(ECB) 총재는 "우리는 기후변화와의 전쟁에서 결코 물러서지 않을 것"이라며 "ECB는 앞으로 더욱 적극적인 역할을 할 것이다"라고 약속했다. 최근 몇 년간 ECB는 경기 부양을 위해 3000억 유로의 회사채를 사들였는데, 이 과정에서 기후변화에 제대로 대응하지 않는 기업들의 회사채를 과도하게 사들였다는 비판을 받았다. 이에 ECB는 이런 기업들의 회사채 보유 규모를 줄이는 대신 기후변화에 적극 대응하는 기업의 회사채를 더 사들이는 방식을 검토하고 있다.

프랑스 중앙은행 총재이기도 한 프랑수아 빌루아 드 갈로 ECB 정책위원 역시 "ECB의 통화 정책에 기후변화 요소를 반드시 포함시켜야 한다"면서 "기후변화 위험은 인플레이션을 부추기는 한편 경제 성장을 위축시켜서 중앙은행이 통화 정책을 고려할 때 가장 경계하는 스태그플레이션(경기 침체 속 물가 상승) 같은 본성을 가지고 있기 때문"이라고 덧붙였다.

다시 래리 핑크 회장의 서한으로 돌아가보자.

> 금융업에 40여 년간 종사하면서 1970년대와 1980년대 초의 인플레이션 급등, 1997년의 아시아 통화위기, 닷컴 버블, 그리고 글로벌 금융위기 등 여러 번의 위기와 난제들을 경험했습니다. 이러한 위기들이 여러 해 지속된 경우도 있었지만, 큰 그림으로 보면 본질적으로는 모두 단기적인 문제들이었습니다. 그러나 기후변화는 다릅니다. 현재 예측되는 영향의 일부만 현실화되더라도 훨씬 더 구조적이고 장기적인 위기를 불러올 게 분명합니다.

IMF 위기를 직접 겪어본 세대로서 이보다 큰 위기가, 그것도 구조적인 위기가 올 수 있다니 잔뜩 긴장된다.

S(사회)와 G(거버넌스)의 2인 3각

지금까지 제프리 삭스가 주장한 **환경의 지속가능성**이 왜 중요한지 설명했다. 이제는 나머지 3가지 목표, 다시 말해 경제적 번영, 사회적 통합, 적절한 지배구조를 살펴보자.

경제적 번영은 극단적 빈곤과의 싸움을 말한다. 전 세계 인류 중 10억 명 이상이 여전히 극단적 빈곤 상황에 놓여 있다. 극심한 빈곤 속에 사는 사람들은 다음 한 끼를 어디서 구해야 할지, 자신이 지금 마시는 물에 생명을 위협할 병원균이 들어 있는지, 자신이나 자신의 아이에게 모기가 치명적인 말라리아균을 옮기지는 않을지 걱정해야 한다. 1990년에 비해 아동 사망률은 절반 정도로 줄었지만 여전히 매년 6500만 명의 아이가 다섯 살이 되기 전에 예방이나 치료 가능한 질병으로 죽고 있다. 경제적 번영은 이런 현실을 바꿔보자는 선언이다.

'사회적 통합'하면 떠오르는 노래가 있다. 존 레논의 노래 〈이매진(imagine)〉에는 다음과 같은 대목이 나온다.

모든 사람이 평화롭게 사는 모습을 상상해보라.

(Imagine all the people living life in peace)

현실은 어떠한가. 개선됐다고는 하지만 극도의 빈곤은 여전히 존재한다. 빈부격차는 코로나 팬데믹 이후 더욱 심화되고 있다. 위로 올라갈 수 있는 사다리는 무너지고 있다. 여성, 소수민족, 소수 종교집단은 여전히 사회적 불이익을 당하고 있다. 불신, 반목, 냉소주의가 사회에 만연하다. 이를 바꿔보자는 것이 **사회적 통합**이다.

환경의 지속가능성, 경제적 번영, 사회적 통합을 해결하기 위해서는 정부, 기업 등 조직 안에서의 행동 원칙, 즉 **적절한 지배구조**가 필요하다.

적절한 지배구조를 위한 행동 원칙은 다음과 같다. 먼저 정부와 기업은 자신의 행동에 책임을 지는 자세가 필요하다. 이는 목표를 설정하고 실행하며 그 성과를 평가받는 데 필요한 조치를 다하는 책임이다. 둘째, 투명성이다. 조세피난처, 비밀주의 등은 사라져야 한다. 셋째, 참여다. 주주뿐만 아니라 모든 이해관계자가 의사결정에 참여해야 한다. 넷째, 오염자 부담 원칙이다. 쉽게 말해 글로벌 기업이 개발도상국에서 공장을 지어 운영하다가 물이나 공기를 오염시켰다면 반드시 복구 비용을 부담해야 한다. '주주의 이익을 침해한다' 따위의 말로 회피해선 안 된다. 마지막으로 헌신도 빠질 수 없다.

돌이킬 수 없는 흐름

월드이코노믹포럼(World Economic forum, WEF), 흔히 다보스 포럼이라고 불리는 이 모임은 그 역사가 1971년까지 거슬러 올라간다. 하버드대학 케네디스쿨을 갓 졸업한 32세의 클라우스 슈밥은 "유럽 경영인들은 미국식 경영 기법을 배우지 않으면 2등 시민으로 전락하고 말 것"이라는 장 자크 세르방 슈라이버의 저서 《미국의 도전(Le Défi American)》에서 영감을 얻어 유럽 각 지역에서 444명의 경영인을 모아 미국을 배우는 스터디그룹 유럽경영포럼(European Management Forum)을 출범시켰다. 이 모임이 1987년 WEF로 이름을 바꾸었고, 오늘날에 이르렀다.

1999년 UN 사무총장이던 코피 아난은 다보스에서 열린 WEF에서 유엔 글로벌 콤팩트(United Nations Global Compact)를 발표했다. 인권 관련 2개 항목, 노동 관련 4개 항목, 환경 관련 3개 항목으로 구성된 선언은 다음과 같다.

인권 원칙1 국제적으로 선언된 인권 보호를 지지하고 존중한다.
　　　원칙2 인권 유린에 연루되지 않았는지 확인한다.
노동 원칙3 결사의 자유와 단체 교섭권을 인정한다.
　　　원칙4 모든 형태의 강제 노동을 반드시 철폐한다.
　　　원칙5 아동 노동에 대한 현실적이며 효과적인 폐지를 수행한다.
　　　원칙6 고용 및 직업에서의 어떠한 차별도 철폐한다.
환경 원칙7 환경 문제에 대한 예방적 접근을 지원한다.
　　　원칙8 환경 책임을 증진하기 위한 이니셔티브를 수행한다.
　　　원칙9 친환경 기술의 개발과 보급을 장려한다.

미국에서 터진 엔론의 회계 조작 사건 이후 2003년 조항이 하나 더 추가됐다.

반부패 원칙10 기업은 강요, 뇌물 수수를 포함한 모든 형태의 부패에 반대해야 한다.

〈ESG의 중요 개념〉

ESG = E(Environment, 환경) + S(Social, 사회) + G(Governance, 지배구조)

E(Environment)	S(Social)	G(Governance)
– 대기오염감축 　(탄소배출 감소) – 에너지와 자원소비절감 　(신재생에너지) – 폐기물관리 – 환경관련법위반사항 – 기후변화전략수립및대응등	– 구성원 평등 　(남녀고용, 동등보상) – **협력사및공급망 　지속가능성관리** – 산업안전보건 – 인권존중 – **사회공헌활동**	– 윤리 및 부패 문제 관리 – 협력사 대상 반부패 　정책 적용 – 기업지배구조개선 　(비상임이사보상, 주권리, 　이사회독립성/전문성/ 　다양성, 회계투명성)

　인권과 노동 항목은 제프리 삭스가 제시한 '사회적 통합(S)'의 구체적인 행동 계획이다. 환경 항목은 '환경의 지속가능성(E)'을 추진하기 위한 방침이다. 반부패 항목은 '적절한 지배구조(G)' 중 책임, 투명성 등을 대변한다. 참으로 환상적인 조합이다. 제프리 삭스가 이론적 기반을 제시했다면 코피 아난은 이를 현실에 맞춰 어떤 일을 해야 세상이 바뀔지 명시했다고 볼 수 있다.

　2006년 코피 아난은 한 발 더 나아가 책임투자원칙(Principles for Responsible Investment, PRI)을 발표했다. 기관투자가를 중심으로 한 투자 커뮤니티에 ESG를 고려하는 기업에 투자하라고 호소한 것이다. 2003년 글로벌 콤팩트 항목 중 환경이 'E(환경)'로, '인권'과 '노동'이 'S(사회)'로, '반부패'가 'G(지배구조)'로 진화한 것이다.

　잠시 위의 표를 보자. ESG를 추진하는 데 있어 중요한 행동 원칙을 보여준다. 그런데 재미있게도 'S'에 제프리 삭스와 코피 아난이 강조한 인권, 노동 외에 협력사 지원, 사회공헌 활동이 등장한다. 이러한 요소가 포함된 배경은 무엇일까?

1970년 노벨 경제학상 수상자인 밀턴 프리드먼은 "기업의 궁극적인 사회적 책임은 이익 극대화(The social responsibility of business is to increase its profits)"라고 선언했다. 기업들도 거들었다. 미국의 비즈니스 라운드 테이블(Business Round Table, BRT)은 우리나라의 전경련과 비슷한 단체다. 1972년 미국 200대 기업이 모여 설립된 이 단체는 워싱턴 정계에서 기업 이익을 대변하는 곳으로 유명하다. BRT는 설립 이후 여러 차례 공식적인 메시지를 발표한 바 있는데, 그중 유명한 것이 1997년 발표한 "기업의 주된 목표는 주주들의 경제적 보상을 창출하는 것(the principal objective of a business enterprise is to generate economic returns to its owner)"이라는 언급이다. 밀턴 프리드먼의 주주 중시 사상을 이어받아 소위 주주 자본주의(Shareholder Capitalism)를 강조한 것이다.

그런데 2008년 금융위기가 발생하면서 변화의 바람이 불기 시작했다. 2011년 '월스트리트를 점령하라(Occupy Wall Street)' 등의 운동은 이에 가속도를 붙였다. 기업의 이윤과 사회적 책임을 동반자적인 관계로 인식하기 시작한 것도 바로 이 무렵이다. 시간이 흘러 2019년이 되자 BRT는 놀라운 선언을 발표한다. 기업의 목적으로 '포용적 번영(inclusive prosperity)'을 강조한 것이다.

JP모건(J.P. Morgan), 아마존, 애플, GM, 보잉(Boeing) 등 이름만 들으면 알 만한 회사의 CEO 181명이 성명서에 서명했다. 성명서에는 "기업의 목적을 변경해 '주주가치 극대화'라는 단일 문구를 삭제하기로 했다"고 언급돼 있다. 눈앞의 이윤 추구, 주주 이익 극대화 등을 뛰어넘어 고객, 종업원, 협력업체, 지역사회 등 모든 이해관계자에 대한 사회적 책임을 강화하겠다고 선언한 것이다. 이와 관련, 구체적으로 5개 목표를 제시했다.

- 고객에게 가치를 전달한다.
- 종업원에게 투자한다.
- 협력업체는 공정하고 윤리적으로 대우한다.
- 지역사회를 지원한다.
- 주주를 위해 장기적 가치를 창출한다.

이 선언은 '주주 자본주의'에서 **'이해관계자 자본주의(Stakeholder Capitalism)'**로의 패러다임 전환이라고 볼 수 있다. 물론 유럽식 '공동결정제도'처럼 기업의 주인은 주주를 넘어 광범위한 이해관계자라는 의미라기보다는 이해관계자를 기업의 목적인 '사회와 환경 책무'의 파트너로서 존중하면서 '신뢰와 협력' 관계를 형성한다는 의미로 해석하는 것이 타당하다.

새롭게 제시된 기업의 목적을 보면 중요한 이해관계자 집단으로 주주 외에도 고객, 종업원, 협력업체, 지역사회가 포함되었음을 알 수 있다. ESG에서 'S'에서 강조하는 움직임이다.

블랙록은 왜 ESG를 강조했을까

앞서 ESG 신드롬의 트리거로 래리 핑크의 2020년 연례 서한을 소개했다. 그의 이전 연례 서한과 블랙록의 탄생 과정, 그 이후의 행보를 살펴보면 블랙록이 왜 ESG를 중요한 투자 지표로 봤는지 보다 잘 이해할 수 있다.

블랙록은 1988년 사모펀드(PEF)로 유명한 블랙스톤의 창업자 피터 피터슨, 스티븐 슈워츠먼의 지원을 받아 설립됐다. 당초 이름은 블랙스톤 파이낸셜 매니지먼트. 이 회사는 2개의 대형 펀드를 만들어 200억 달러 규모의 모기지 담보 자산(morgage-backed asset)을 관리했다. 그런데 블랙스톤 창업자들과 래리 핑크 팀은 위험을 바라보는 시각이 달랐다. 블랙스톤 창업자들에게 200억 달러는 여러 포트폴리오 중 하나에 불과했지만, 래리 핑크 팀에게는 전부였던 것이다. 래리 핑크 팀은 손해를 최소화하는 리스크 회피 전략을 구사할 수밖에 없었다. 이에 지분 관련 충돌이 발생하면서 1994년 래리 핑크 팀은 독립해 블랙록을 설립한다.

홀로서기에 나선 블랙록은 2006년 메릴린치 인베스트먼트 매니지먼트를 인수해 뮤추얼펀드와 주식 관련 펀드의 경쟁력을 확보하고, 2009년 상장지수펀드(ETF) 및 인덱스 펀드 부문에 장점을 지닌 바클레이즈 글로벌 인베스터스를 인수한다. 이로써 세계 최고의 자산운용사로 우뚝 서게 된다.

세계 최고라는 막중한 자리에 일종의 책임감, 의무감을 느낀 것일까? 래리 핑크는 2012년부터 연례 서한을 보내기 시작했다(2013년을 빼고는 매년 보내고 있다). 그 내용을 통해 래리 핑크의 생각을 읽어보자.

2012년 첫 연례 서한에서 블랙록은 가치 집중형 인게이지먼트(value focused engagement)를 이야기했다. 장기적으로 탁월한 성과를 내는 것

못지않게 투자 기업의 지배구조 관행을 개선하는 게 중요하다고 강조한 것이다. 또한 주주권 행사 등 적극적인 참여를 통해 자신의 주장을 관철시키겠다고 밝혔다.

2014년, 2015년 서한도 비슷한 논조를 유지했다. 금융위기 이후 기업들이 당장의 위기를 모면하는 데 급급해 미래 먹거리(R&D 투자, 종업원 투자)를 소홀히 하는 경향이 보이는데 그러면 안 된다거나, 주식 단기 보유자가 아닌 장기 보유자, 더 나아가 기업 그 자체를 중시해야 한다고 강조했다. 아울러 이를 위해서는 비즈니스를 단기적 관점이 아닌 장기적 관점에서 바라봐야 하며, 무엇보다 기업의 지배구조가 중요하다고 설파했다. 장기 투자에 초점을 맞춘 기업만이 블랙록의 지지를 받을 수 있음을 천명한 것이다.

2016년부터는 약간 다른 모습을 보인다. 장기 지향성과 지배구조를 강조하면서도 환경적, 사회적 요소를 강조하기 시작한 것이다. 2015년 말 체결된 파리협약의 영향을 받은 듯하다. 기후 변동, 다양성, 이사회 실효성을 주된 이슈로 삼았다.

2017년의 새로운 이슈는 국제 정세였다. 2016년은 영국이 EU에서 탈퇴하는 브렉시트가 결정되고, 도널드 트럼프가 미국 대통령에 당선된 해다. 블랙록은 연례 서한의 첫 줄부터 장기적인 안목에서 기업가치를 극대화해야 한다고 강조했다. 블랙록 고객의 상당수가 은퇴 후 생활자금과 자녀 교육 자금 등 미래 자금을 맡겼고, 이들이 기업에 있어서 가장 중요한 이해관계자라는 이유에서였다. 수탁자로서 책임을 다할 수 있는 지배구조를 구축하는 데 만전을 기하겠다고도 밝혔다. 물론 ESG 이야기도 빼놓지 않았다.

2018년엔 드디어 '기업의 목적의식(a sense of purpose)'이 연례 서한의 제목으로 등장한다(그전까지는 서한에 별도의 제목이 없었다). 재무적 성과를 기록하는 것 외에도 사회에 긍정적 기여를 해야 한다고 본격적으로 강조했다. 주주, 직원, 고객, 지역사회 등 모든 이해관계자에게 도움을 주어야 한다는 말도 빠뜨리지 않았다. 이는 이후 2019년 8월 비즈니스 라운드 테이블(BRT)의 이해관계자 자본주의(stakeholder capitalism) 선언의 기초가 됐다.

2019년 연례 서한의 제목은 '목적과 이익(purpose & profit)'이다. 사회적 가치를 만들어내기 위해 어떤 고민을 하고 어떤 노력을 하는지는 단순히 마케팅을 위한 캠페인이나 표어가 아닌 기업의 목적, 즉 '기업의 존재 이유'임을 밝혔다. 그러면서 "이익과 목적은 함께 가야 한다"고 강조했다. 이는 그 전까지의 주류 견해와는 다른 접근이다. 이전까지는 "단기적 이익과 장기적 이익은 충돌한다는 것이 통념이다. 장기적 이익을 중시해달라"거나 "기업의 이익과 사회적 기여는 따로 간다. 그래도 사회적 기여에 신경을 써달라"는 식으로 표현됐다. 쉽게 말해 'A or B'였던 셈이다. 그런데 2019년 블랙록은 'A and B'가 가능하다고 말했다. 아니 따로 갈 수 없다고 선언했다. 이는 중대한 패러다임의 변화다.

2020년에는 '금융의 근본적인 개편(A fundamental reshaping of finance)'이 주제였다. 기후변화 리스크가 곧 투자 리스크이고, 주주를 위한 공시 제도 개선이 필요하며, 투명하고 책임감 있는 자본주의가 요구된다고 강조했다.

2021년엔 팬데믹으로 이러한 구조적 변화가 더욱 가속화되고 있음을 강조했다. 위험 요소를 짚어보는 데 국한하지 않고 넷제로 전환에 따른 새로운 사업 기회도 설명했다. 또한 데이터와 공시는 여전히 중요하다며, 넷제로에 대한 구체적인 약속도 했다(넷제로와 관련, 다른 투자 기업들의 대응을 촉

구한 것이다). 아울러 지속가능성, 이해관계자와의 긴밀한 관계가 수익률 향상을 견인한다는 말로 서한을 마무리했다.

정리하자면 장기 투자가로서 래리 핑크는 초창기에 좋은 지배구조를 중요시했다면 점차 환경과 사회에 집중하게 됐다. 또한 이익과 기업의 목적(환경 기여, 사회 기여)이 하나임을 표방하고, 기업의 투명한 공시 방법과 넷제로 달성 기간을 명시했다. 어디 블랙록뿐이랴. 현재 글로벌 투자사들의 기조는 대부분 이런 방향으로 흘러가고 있다. ESG라는 용어로 표현되는 거대한 패러다임의 변화는 피할 수 없는 흐름이다.

이제는 새로운 파도에
올라탈 때

거대 자본이 ESG를 강조하는 현실적 이유

블랙록 같은 글로벌 투자자들이 ESG를 강조하는 이유는 크게 3가지 관점에서 설명할 수 있다.

유니버설 오너십 관점에서의 투자

'유니버설 오너십(universal ownership)'이란 한 나라 전체 업종의 주식을 보유한 거대한 기관투자가를 일컫는 말이다. 이들 유니버설 오너는 장기적으로 높은 수익을 올리기 위해 개별 기업뿐만 아니라 전반적인 경제 성장 패턴에 관심을 갖는다. 이해를 돕기 위해 앤드루 윌리엄스 세인트메리대학 교수의 설명을 들어보자.

유니버설 오너의 포트폴리오에 들어 있는 한 기업이 큰 수익을 거뒀지만 그 과정에서 환경오염을 일으켰다고 가정해봅시다. 물론 실적 개선 덕분에 그 기업의 주가는 올랐습니다. 하지만 환경오염을 해결하기 위해 세금을 더 거둬들여야 하는 바람에 펀드 포트폴리오에 들어 있는 다른 기업들 역시 추가적인 세금 부담을 지게 됩니다. 이는 각 기업에 실적 악화 요인으로 작용합니다. 결과적으로 전체 포트폴리오의 수익은 줄어듭니다. 유니버설 오너가 경제 전체 또는 사회 전반의 건전한 발전에 신경을 쓸 수밖에 없는 이유입니다.

블랙록 같은 대형 투자자는 엄청난 규모의 자금을 전 세계 주식시장에 분산투자한다. 분산투자의 목표는 극단적으로 보면 모든 상장사의 주식을 갖는 것이다. 당연히 몇몇 기업의 성과나 특정 국가의 경제 변화가 아니라 전 세계 경제의 호불황 여부가 중요해질 수밖에 없다.

앞에서 잠깐 언급했지만, 최근 세계 경제에 중대한 영향을 미치는 요소로 기후 문제가 떠오르고 있다. 예를 들어보자. 2020년 7월 캘리포니아 지역에서 발생한 산불은 미국 역사상 최악의 산불로 기록됐다. 발화 원인은 이상고온과 이로 인해 계속된 낙뢰. 사실 캘리포니아 주민들에게 산불은 연례행사 같은 것이었다. 그러나 2020년의 산불은 그 규모가 이전과 차원이 달랐다. 3개월 이상 지속된 산불은 미국 서부 지역 전체를 공포로 몰아넣고 막대한 경제적 피해를 입혔다.

기후 문제로 인한 피해는 산불뿐만이 아니다. 가뭄, 홍수, 폭염 같은 극단적인 기상 현상으로 기간시설이 망가지고 농작물이 피해를 입었다. 이를 보상하기 위해 국가와 민간 보험 회사는 천문학적 단위의 비용을 지불해야 했다. 기후위기가 특정 지역과 농업의 피해를 넘어 금융 시장, 글로벌 공급망을 교란시키는 문제가 된 것이다. 블랙록은 2020년

4월 보고서 〈실체로 다가오고 있다(Getting Physical)〉를 통해 2060~2080년 기후위기가 미국 각 주에 미칠 경제적 리스크를 측정해 위험을 알리기도 했다.

2021년 9월 ECB는 유로존 내 230만 개 기업과 1600개 은행의 데이터를 이용해 기후변화의 잠재적 영향력을 분석한 〈경제 전반 기후 스트레스 테스트〉 보고서를 발표했다. 이 보고서는 3가지 탄소 중립 전환 시나리오를 가정하고 각 모델이 경제에 미치는 효과를 측정한 내용을 담고 있다.

첫 번째 모델은 탄소 중립 정책의 빠른 실행으로 지구의 온도가 산업화 이전 시대보다 1.5도 이내 상승으로 제한되는 '질서 있는 전환'이다. ECB는 이 경우 유로존 기업들이 향후 4~5년 동안 레버리지가 조금 높아지고, 수익성이 조금 낮아지며, 채무 불이행 위험이 높아지는 등 위험을 겪을 테지만 이후 전환에 따르는 이점이 있을 것이라고 분석했다. 두 번째 모델은 2030년까지 탄소 중립 조치를 취하지 않고, 그 이후 급격히 탄소 중립 정책을 도입해 지구 온도 상승을 2도까지 억제하는 '무질서한 전환'이다. 이 모델에서 기업들의 수익성은 2050년까지 20퍼센트 낮아지고, 채무 불이행 가능성은 2퍼센트 증가한다. 끝으로 기후변화를 방치하는 '핫 하우스 세계' 모델에서는 수익성이 40퍼센트 하락하고, 채무 불이행 가능성이 6퍼센트 늘어난다. 또한 폭염, 산불 등 자연재해로 발생하는 비용이 '극도로 높아질 것'으로 예측됐다.

산업 전반적으로 볼 때 당장 기후 재앙을 막기 위한 조치를 취하지 않으면 최악의 경우 유럽 국내총생산(GDP)이 10퍼센트 감소할 것이라고 ECB는 전망했다. 반면 탄소 중립 경제(Zero-carbon economy)로 전환하는 비용은 GDP의 2퍼센트를 넘지 않는다고 분석했다. 탄소 중립 경제로 빠르게 전환할수록 기후변화에 따른 위험이 줄어들고 비용도 줄어든다는 것이다. ECB는 보고서를 통해 "(탄소 중립 경제로) 전환하는 과정에서 발생하는 단기적인 비용은 중장기적으로 규제받지 않은 기후변화로 발생하는 비용에 비해 미미하다"고 판단했다.

선량한 수탁자로서의 안정적 수익에 대한 책임

SRI, 즉 사회적 책임 투자(Socially Responsible Investment)라는 용어가 있다. 이제까지 투자는 기업의 성장성과 재무적인 측면을 강조했다. 반면 SRI는 사회·윤리적인 측면에서 기업이 사회적 책임(Corporate Social Responsibility, CSR)을 수행하고 있는지 따져 투자처를 선택하는 전략이다. ESG 가치가 반영된 투자의 한 형태라고 할 수 있다. 그런데 이 같은 투자 전략은 신탁자의 의무, 즉 '위탁자의 이익을 위해서 최선을 다한다'는 조항과 상충되는 것이 아닐까?

그렇지 않다. 예를 들어보자. 여기 2개의 투자 기회가 있다. 100만 원을 투자했을 때 첫 번째 프로젝트는 2배인 200만 원을 벌거나 100만 원을 손해 볼 수 있다. 성공과 실패 확률이 각각 50퍼센트다. 확률론적으로 계산하면 기댓값은 200만 원이다. 두 번째 프로젝트는 무조건 100만 원을 벌 수 있다. 확률은 100퍼센트. 기댓값은 100만 원이다. 당신은 어느 쪽을 선택하겠는가? 리스크를 감안하더라도 100만 원 정도 투자하는 것이라면 첫 번째를 고를 만하다.

그러나 금액이 커지면 이야기가 달라진다. 100조 원을 잃을 확률이 50퍼센트인 기댓값 200조 원인 프로젝트와 100조 원을 벌 확률이 100퍼센트인 프로젝트 중 어느 것을 고르겠는가? 당연히 후자다. 똑같은 확률, 똑같은 기댓값이지만 금액 단위가 다르다(100만 원과 100조 원). 그런데 왜 사람들은 금액에 따라 다른 선택을 하는 것일까? 이를 두고 행동경제학자들은 투자 금액이 적을 때는 '얻는다(gain)'는 시각으로 접근하지만, 클 때는 '잃는다(loss)'는 시각으로 본다고 분석했다. 그래서 기간이 길어지거나 금액이 커지면 평균 수익성보다 안정성을 선호하게 된다. 평균값보다 표준편차값, 분산값이 중요하다는 뜻이다.

블랙록과 우리나라의 국민연금 등 장기적 수익을 목표로 하는 투자사들은 많은 돈을 버는 것도 중요하지만 안전하게 오랫동안 돈을 버는 것을 더 중요하게 생각한다. 고위험 고수익보다는 목표 수익을 꾸준히 달성하는 쪽을 선호하는 것이다. 대표적인 연기금인 ABP(네덜란드 연기금)는 이렇게 밝혔다. "2015년 새로 공무원이 된 사람의 평균 수명은 남성 81세, 여성 83세다. 2075년이 되어도 살아 있는 사람이 꽤 있다. 일부는 2100년에도 살아 있을 것이다. 이들에게 중요한 것은 '2075년에도 연금으로 생활 할 수 있는가'다. 지금 당장의 수익률이 중요한 게 아니다. 먼 미래를 바라보고 지속가능한 지구, 지속가능한 사회를 위해 투자해야 한다."

래리 핑크도 같은 생각이다. "우리가 관리하는 돈은 대부분 교사, 소방관, 의사, 사업가 등 수많은 개인과 연금 수혜자들을 위한 퇴직금"이라며 "고객과 투자 기업의 연결고리로서 우리는 선량한 청지기 역할을 다할 책무를 갖고 있다"고 말했다. 여기서 선량한 청지기 역할이란 일확천금을 버는 것이 아니다. 꾸준히 오랫동안 수익을 내는 것이다.

소셜 미디어의 확산과 사회, 환경 리스크의 증가

블랙록이나 국민연금 같은 대형 투자 조직을 이야기하지 않더라도 오랫동안 지속가능한 회사, 쉽게 말해 망하지 않을 회사에 투자하는 것은 투자의 기본이다. 그렇다면 반대로 실패할 가능성이 높은 회사는 어떤 회사일까?

예전에는 기업 위기의 주된 원인으로 판매하는 제품이나 서비스의 품질과 성능, 시장점유율, 매출액 등 성과 리스크(performance risk)에 주목했다. 그러나 최근에는 성과 리스크 못지않게 사회적 리스크(social risk), 환경적 리스크(environmental risk)가 부각되고 있다. 때로는 기업 생존에 심각한 영향을 미치는 위험 요인으로 꼽히기도 한다.

사회적 리스크란 기업이 사회적 책무를 제대로 이행하지 않아서 기업을 위기에 빠뜨릴 수 있는 위험을 말한다. 예를 들어 노동 착취, 인권 침해, 협력사 갑질, 부정부패, 불법 및 편법 경영, 소비자 기만 등이 여기에 해당한다. 환경적 리스크란 오염물질 배출이나 기타 환경에 나쁜 영향을 줄 수 있는 경영 활동으로 인해 기업 평판이 타격을 입을 수 있는 위험을 가리킨다.

기업의 사회적, 환경적 리스크는 소셜 미디어 확산에 따른 '정보 대칭화' 때문에 시간이 갈수록 그 중요성이 더 커지고 있다. 과거에는 제품이나 경영 활동과 관련한 정보를 기업이 소비자나 일반인보다 더 많이 가지고 있었다. 그래서 '우리 제품은 이렇게 뛰어난 효능이 있다' 혹은 '우리가 이렇게 좋은 일을 많이 한다'는 기업의 메시지에 대해 일반 대중은 그 진위를 검증하기 힘들었다. 쉽게 말해서 소비자의 눈을 가리기 쉬웠다. 하지만 수많은 정보와 다양한 전문가들의 의견이 소셜 미디어를 통해 광범위하고 신속하게 확산됨에 따라 이제는 기업이 소비자보다 많은 정보를 가지고 있다고 이야기하기 어려워졌다.

경영학자 필립 코틀러는 2010년대 초반부터 소비자로의 권력 이동을 강조했다. 의식이 진화한 소비자의 눈높이에 맞추지 못하는 기업은 더 이상 성장할 수 없다. 한번 실망한 고객을 돌아오게 하는 것은 신규 고객을 끌어들이는 것보다 훨씬 어렵다. 기업의 사회적, 환경적 리스크가 부각되는 현재의 상황은 소셜 미디어의 확산과 맞물려 기업에 윤리경영과 진정성 마케팅이란 중요한 과제를 던지고 있다. 이런 노력을 기울여야 하는 이유는 경쟁자보다 부각되려는 것이 아니라 살아남기 위함임을 기억해야 한다.

MZ세대는 ESG를 원한다

ESG가 강조되는 흐름은 MZ 세대의 등장과도 궤를 같이한다. 1980년대 초부터 2000년대 초 사이에 출생한 이들을 MZ세대라 부른다. 통계청의 2019년 인구 총조사에 따르면 1980년에서 2004년 사이에 태어난 인구는 대략 1800만 명으로, 전체 인구의 35퍼센트를 차지한다. 베트남, 인도네시아 등 청년 세대가 많은 국가가 꽤 있어서 전 세계적으로 보면 인구의 60퍼센트를 넘어선다. 가히 MZ세대 전성시대다. 이들은 활발한 소비자이자 조직 구성원이다. 이들의 속성을 모르고 사업을 하는 것은 지도 없이 전쟁터에 나가는 것이나 마찬가지다.

2021년 3월 미국의 조사기관 갤럽(Gallop)은 〈MZ세대가 조직에 바라는 4가지〉라는 자료를 발표했다. 미국에서 MZ세대는 정규직의 46퍼센트를 차지한다. 따라서 이들에 대한 연구는 중요한 의미를 갖는다. 미국의 MZ세대가 어떤 것을 원하는지 구체적으로 살펴보자.

첫째, 조직이 직원들의 복지에 신경 쓰길 바란다.

얼핏 구글(Google)처럼 사무실에 마사지 센터를 마련하거나 구내식당의 음식 질을 높이는 방법을 떠올릴 수 있다. 그러나 이런 근시안적 시각으로는 답을 찾을 수 없다. MZ세대는 일과 생활의 균형을 중시한다. 어린 자녀가 있다면 자녀와 더 많은 시간을 보내길 원한다. 육아는 한 사람의 몫이 아니라 엄마, 아빠가 함께하는 일이라고 생각한다. 회사에서 장시간 일하고, 그래서 빨리 승진한다는 사고는 최소한 MZ세대에게 표준이 아니다.

둘째, MZ세대는 자신이 소속된 조직이 윤리적이길 원한다.

과거에는 자신이 몸담은 조직에 문제가 있을 때 이를 밝히고 지적하기보다 감싸고 옹호해야 한다는 인식이 강했다. 이것이 조직에 대한 충성이며, 이에 어긋나게 행동하면 배신자 취급을 받았다. 하지만 MZ세대는 자신이 몸담은 회사가 문제를 일으켰을 때 더욱 강하게 비판한다. '회사가 하는 일은 무조건 옳다'는 것 역시 철 지난 소리다. 직원이기에 앞서 사회구성원이란 생각이 더 강하다. '윤리적'이란 단어는 ESG의 'G'와 밀접하게 연결된 개념이다.

셋째, MZ세대는 직원들에게 투명하게 정보를 공개하는 개방적인 조직을 원한다.

MZ세대는 새로운 사안이 불거졌을 때 객관적인 근거를 요구한다. 얼핏 조직을 불신하고 매사 꼬치꼬치 따지는 행동처럼 보이지만, 그런 것만은 아니다. 상대를 신뢰해도 객관적인 데이터로 검증하려는 성향이 강할 뿐이다. "관행이다. 그냥 따라라", "선배들은 찍소리 없이 해냈다"라는 말은 이들의 반발심만 불러일으킬 뿐이다. 투명성 또한 'G'의 핵심 항목임은 주지의 사실이다.

넷째, MZ세대는 다양성을 인정하고 포용하는 조직을 원한다.

MZ세대는 다양성에 대한 인정과 표용은 '하면 좋은 것'이 아니라, '반드시 갖추어야 할 것'으로 여긴다. 이를 갖추지 못하면 ESG 평가에서 나쁜 점수를 받을 뿐만 아니라 좋은 인재가 떠날 수도 있다. 이는 조직의 성장에 큰 걸림돌이 되는 것은 물론이다.

4가지 분석을 마친 뒤 갤럽이 내린 결론이 흥미롭다. 'MZ세대는 ESG를 원한다(In other words, younger generations want ESG).' 좋은 평판을 받기 위해서, 그래서 투자처로부터 충분한 자금을 받기 위해서가 아니라 조직을 제대로 운영하기 위해서 ESG는 필수라는 의미다.

이외에 MZ세대의 특성을 몇 가지 더 살펴보자. MZ세대는 자신의 회사가 만드는 제품과 서비스가 사회에 기여하길 원한다. 환경오염을 최소화한 제품 생산 공정, 장애인을 배려한 제품 디자인 등에 큰 자부심을 느낀다. 이는 ESG와도 연결된다. 환경을 고려하는 제품, 생산공정의 개선은 'E' 그 자체다. 장애인 배려는 'S'의 공정성에 해당한다.

소비자로서 MZ세대의 특징도 살펴보자. '미닝 아웃(Meaning Out)'이란 용어가 있다. 신념을 뜻하는 '미닝(Meaning)'과 '나오다(Coming out)'의 합성어로, '소비를 통해 자신의 신념과 가치를 드러내는 활동'을 말한다. '바이콧(buycott)'이라는 신조어도 있다. '보이콧(boycott)'이 아니다. 적극적으로 구매하자는 뜻이다. '돈쭐내자'의 영어식 표현이라고 보면 된다.

가성비가 아닌 가심비(가격 대비 마음의 만족을 추구하는 소비 행위)도 MZ세대의 용어다. 종합해보면, 의미 있는 소비에 큰 비중을 둔다고 해석할 수 있다. 그렇다면 어떤 것이 의미 있는 소비일까? ESG를 실천하는 기업의 제품과 서비스를 구매하는 것이 의미 있는 소비다.

조직 구성원으로서, 소비자로서 MZ세대는 ESG를 원하고 있다. 이를 외면한 기업은 생존 자체가 불가능한 시대가 오고 있다. 그렇다고 무작정 ESG에 달려들어서는 안 된다. MZ세대는 표리부동한 모습에 단호하다. 진정성이 담보되지 않은 '보여주기 식' 대처라는 것이 들통 나는 순간 더 큰 곤경에 처하게 된다.

그런데 MZ세대가 조직구성원, 소비자로서만 존재할까? 그렇지 않다. 눈여겨봐야 할 부분이 있다. 투자자로서의 모습이다. 앞서 래리 핑크의 2019년 연례 서한 중 일부러 소개하지 않은 대목이 있다.

현재 노동인구의 약 35퍼센트를 차지하는 밀레니얼 세대가 자신이 일하는 기업, 제품을 구입하는 기업, 그리고 투자하는 기업에 대해 발언권을 늘려가면서 이런 추세는 더욱 가속화될 것입니다.

인구가 늘어나니 그만큼 관심을 가져야 하는 것은 맞다. 그런데 수조 달러의 돈을 굴리는 블랙록이 부자도 아닌 젊은 세대에 주목하는 이유는 무엇일까? 답은 뒷부분에 나온다.

우리는 베이비부머 세대에서 밀레니얼 세대로 부가 이전되는 과정을 목격하고 있습니다. 그 규모는 24조 달러에 달할 것으로 예측

됩니다. 이는 역사상 가장 큰 규모입니다. 이러한 부의 이전과 투자 선호의 변화로 기업평가에서 ESG 요소의 중요성은 점점 커지고 있습니다.

블랙록은 기후위기를 극복해서 투자 변동성을 줄여야 하지만, 향후 주력 투자자로 부상할 밀레니얼 세대의 마음도 사야 한다는 이유로 ESG를 강조한 것이다.

2017년 US트러스트(US Trust)가 발표한 보고서도 블랙록의 주장과 궤를 같이한다.

밀레니얼 부자들은 전통적인 부자들과 달리 사회적 책임투자에 대한 관심이 매우 높다. 과거 사회적 책임투자는 연기금 같은 기관투자자의 주도로 성장했지만, 최근에는 개인투자자의 비중이 빠르게 확대되고 있다. 평소 환경 문제나 사회적 이슈에 관심이 높은 밀레니얼 세대가 그 중심에 있다는 반증이다. 이들은 왜 사회적 책임투자를 선호하는 걸까? 말 그대로 옳은 일이기 때문이다. 다시 말해, '기업은 자기 행위에 책임을 져야 하며, 사회에 대한 긍정적인 임팩트(impact)가 더 나은 금전적인 성과로 이어진다'고 믿기 때문이다.

자산관리 서비스의 주고객층인 부유층에서 사회적 책임투자를 실행하는 비율을 보면 베이비부머 세대는 10퍼센트에 그친 반면 밀레니얼 세대는 28퍼센트에 달했다. 사회적 책임투자에 관심을 갖는 비율은 베이비부머 세대는 29퍼센트인데 밀레니얼 세대는 52퍼센트나 된다.

오래도록 사랑받는
브랜드의 원칙

브랜드의 힘

　　지금까지 살펴보았듯, ESG와 MZ세대의 등장은 기업과 브랜드에 지속가능한 성장 토대를 만들 것을 요구한다. 단순히 주주 가치를 극대화하는 것만으로는 한계에 부딪칠 수밖에 없다. 기업 생태계에 관여하는 다양한 이해관계자들(주주, 종업원, 소비자, 협력업체, 지역사회, 그리고 그들이 살아가는 환경 등)의 가치가 경영에 반영되어야 한다. 경영 패러다임의 전환이 필요하다는 말이다. 쉽게 말해, '모두가 오랫동안 잘살자'는 가치가 기업의 모든 활동에 반영되어야 한다. 기업이 오랫동안 잘살기 위해서는 무엇을 잘해야 할까?

　이 질문에 맥도날드의 글로벌 CMO(chief marketing officer)였던 래리 라이트는 기업들 사이의 끝없는 경쟁에서 승리하기 위한 최종 승부처, 즉 오랫동안 잘살기 위한 핵심은 누가 마케팅을 잘하는가에 달려 있다고 말했다. 그동안 업계 실무자나 학자를 비롯해 많은 사람들이 마케팅이 중요하다는 이야기를 해왔다. 우리나라도 마찬가지다. SK그룹은 2000년대 초 그룹 전체의 성장을 위한 핵심 키워드로 '마케팅 컴퍼니'라는 개념을 제시했다. 마케팅 잘하는 회사만이 성장을 지속할 수 있다는 말이다. 혹자는 TPM 가설을 얘기하면서 기업간 경쟁은 처음엔 기술(Technology)로 승부하고, 다음에는 제품(Product), 결국에는 마케팅(Marketing) 싸움이 된다고도 말했다. 그렇다면 마케팅 전쟁에서 이기려면 어떻게 해야 할까? 다시 래리 라이트의 말을 들어보자.

> 누가 커다란 공장을 갖고 있는가가 아니라 누가 시장을 소유하는가가 중요하다. 그리고 시장을 소유하는 유일한 방법은 시장을 지배하는, 즉 소비자의 마음을 사로잡는 브랜드를 갖는 것이다.

기업이 경쟁에서 도태되지 않고 오랫동안 잘살기 위한 비결은 '시장을 지배하는 브랜드를 갖고 있는가'에 달려 있다. 소비자의 선택에 브랜드가 큰 영향을 준다는 주장은 많은 연구와 실험을 통해 이미 밝혀진 바다.

이와 관련, 시리얼 브랜드 켈로그(Kellogg)의 실험 결과는 매우 흥미롭다. 소비자를 두 그룹으로 나누고 한 그룹에는 브랜드를 보여주고 다른 그룹에는 브랜드를 보여주지 않은 채 동일한 콘프레이크 시리얼을 먹게 한 후 구매 의향을 물었다. 실험 결과, 브랜드를 보여주지 않은 그룹에선 47퍼센트, 브랜드를 보여준 그룹에선 59퍼센트가 구매 의사를 표시했다.

미국의 1등 바닥재 브랜드인 암스트롱(Armstrong)도 유사한 실험을 진행했다. 이번에는 구매 의사가 아니라 보다 소비자 행동에 가까운 지표인 '선택'을 물어봤다. 소비자에게 무늬가 비슷한 2개의 바닥재를 보여 줬다. 하나는 암스트롱 브랜드고, 다른 하나는 잘 알려지지 않은 브랜드의 바닥재였다. 이번에도 소비자들을 두 그룹으로 나누었다. 브랜드를 보여주지 않은 그룹의 선택 결과는 50 대 50. 실험 참가자들은 두 바닥재에 차이가 없으면 어떤 것을 선택해도 상관없다고 대답했다. 하지만 브랜드를 보여준 집단에서는 90퍼센트의 사람이 암스트롱 바닥재를 선택했다. 강력한 브랜드는 소비자의 선택에 강력한 영향을 준다.

KT&G의 해묵은 고민거리 중 하나는 '어떻게 하면 말보로, 던힐, 버지니아슬림 등 글로벌 브랜드들로부터 내수시장을 방어할 것인가'였다. 왜 소비자들은 국산 담배를 피우다 외국산 담배로 갈아타는 것일까? 소비자 조사를 하면 가장 많이 나오는 이탈 원인은 늘 비슷했다. '맛'이 더 좋다는 것이다.

과연 그럴까? 두 그룹의 소비자에게 말보로와 실험 당시 말보로처럼 진한 이미지를 가진 KT&G 담배 브랜드인 디스플러스를 피워보게 하고 참가자들에게 "어떤 담배가 더 맛있는가" 물었다. 브랜드를 보여준 집단에서는 27퍼센트가 디스플러스가 더 맛있다고 답했다. 그런데 브랜드를 가린 집단에서는 58퍼센트가 디스플러스가 더 맛있다고 대답했다. 강력한 브랜드는 소비자의 구매 의향, 선택뿐만 아니라 감각적인 경험조차 바꿔놓는다. 더 맛있는 것을 더 맛없게, 혹은 더 맛없는 것을 더 맛있게 느끼게 만든다.

버지니아 공대 물리학과의 뇌과학자 리드 몬터규 교수는《선택의 과학(Why choose this book?)》에서 코카콜라와 펩시콜라의 싸움에 의문을 던졌다. 눈을 가린 상태에서 코카콜라와 펩시콜라를 먹게 하고 더 맛있는 것을 고르라고 하면 대부분의 소비자가 펩시콜라의 손을 들어주었다. 이러한 실험 결과에 고무된 펩시는 미국 전역을 돌아다니며 소위 펩시 챌린지(Pepsi Challenge) 캠페인을 벌이기도 했다. 하지만 시장점유율은 항상 코카콜라의 압도적인 승리. 왜 더 맛있는데 덜 팔리는 걸까?

리드는 이 궁금증을 풀기 위해 뇌과학에 기반한 브랜드 실험을 진행했다. 코카콜라, 맥도날드 같은 매우 친숙하고 강력한 브랜드를 보여주었을 때와 그렇지 않은 브랜드를 보여주었을 때 사람들의 뇌가 어떻게 반응하는지 fMRI 장치로 촬영한 것이다. 결과는 매우 충격적이었다. 코카콜라, 맥도날드 같이 매우 친숙하고 강력한 브랜드를 보여주자 그렇지 않은 브랜드를 보여주었을 때와 달리 뇌에서 쾌감, 즐거움 등과 관련된 신경전달물질이자 호르몬인 도파민이 분비됐다.

이 4가지 실험의 결과만으로도 브랜드가 소비자에게 미치는 위력을 짐작할 수 있을 것이다.

지속가능한 브랜드 관리 원칙, ACES 모델

그렇다면 ESG와 MZ세대라는 새로운 파도 위에서 '오랫동안 사랑받는 브랜드(Sustainable Brand)'를 만들기 위해서는 브랜드를 어떻게 관리해야 할까? 적합성(Adaptability), 일관성(Consistency), 효율성(Efficiency), 당위성(Substantiality) 4가지 관점을 가져야 한다. 이를 필자들은 'ACES 모델'이라고 부른다.

첫 번째 관리 원칙은 적합성(Adaptability)이다. 적합성을 이해하기에 앞서 본질적인 질문을 하나 해보겠다. 전략의 요체는 무엇인가? 데릭 아벨은 1978년 연구에서 '전략의 창(strategic window)' 개념을 제시했다. 전략의 창이란 기업의 내부 역량과 외부 환경으로 인해 생기는 기회의 접점을 의미한다. 그는 "충분히 유연하고 끊임없이 변하는 환경에 적응하려고 노력하는 기업만이 이 접점을 찾아내는 조직 역동성을 만들어낼 수 있다"고 강조했다.

이처럼 전략의 요체는 '창(window)'을 관리하는 것이라고 할 수 있다. 창은 내부 환경과 외부 환경을 연결해주는 매개체다. 창을 관리한다는 것은 비가 오거나 찬바람이 불면 창을 닫고, 밖의 경치가 너무 아름다우면 창을 크게 만들고, 먼지가 많이 끼면 창을 닦아주는 것이다. 이와 마찬가지로 브랜드 관리에서 적합성의 원칙이란 끊임없이 변화하는 외부 환경과 기업의 내부 역량 사이의 접점을 만들고 유지하려는 노력을 말한다. 기업은 외부 환경이 어떻게 변화하고 있는지 잘 감지하고, 이를 브랜드 관리 활동에 어떻게 반영할 것인가 고민해야 한다.

오늘날 기업을 경영하는 데 있어 '목적(Purpose)'은 매우 중요한 용어가 됐다. 블랙록의 서한 제목에도 몇 번이나 등장한다. 심지어 목적과 '이익(profit)'이 하나라 주장했다. 로자베스 모스 캔터 하버드대학 교수가 2011년 〈하버드 비즈니스 리뷰〉에 쓴 글 〈위대한 기업은 어떻게 다르게 생각하는가(How great companies think differently)〉에서 주장한 바도 이와 다르지 않다. 기업 스스로 '돈 버는 기계'라고 비하하는 대신 목적 있는 성과를 추구해야 하고, 이윤을 창출할 뿐만 아니라 사회적으로 어떤 역할을 할 것인가 고민해야 한다.

브랜드 관리에서 이런 '목적'에 해당하는 개념으로 '브랜드 에센스 (Brand Essence)'가 있다. 이는 브랜드가 지향하는 핵심 가치를 의미한다. 브랜드 에센스는 브랜드가 나아가야 할 방향을 제시하는 방향타 역할을 한다. 브랜드 관리의 출발점이자 브랜드의 존재가치를 의미하기도 한다.

현재 외부 환경의 변화 중 가장 핵심적인 것이 바로 ESG의 도입이다. 이는 또한 가치의 변화를 의미한다. 자의건 타의건 주주 이윤이라는 미시적인 가치에 초점을 두었던 기업들이 환경과 사회를 포함한 다양한 이해관계자를 아우르는 보다 거시적인 차원의 가치에 빠르게 관심을 보이고 있다. 마찬가지로 소비자의 의식도 바뀌고 있다. 정부도 변하고 있다. ESG 시대 브랜드 관리의 적합성 원칙은 브랜드 에센스, 즉 지향 가치에 ESG적 가치가 반영되어야 할 필요성을 의미한다.

우리나라에서 가장 선도적으로 사회적 가치를 경영이념에 반영하고 실천해 나가는 기업 중 한 곳으로 SK가 있다. SK가 꾸준히 지향하는 브랜드의 핵심가치는 '행복'이다. 그런데 행복이라는 개념은 집단에 따라 다르게 해석된다. 소비자가 생각하는 행복, 협력업체가 생각하는 행복, 종업원이 생각하는 행복이 다르다. '고객이 OK할 때까지, OK SK!'라는 과거의 슬로건이 소비자의 입장을 반영한 행복의 개념이라면, 이제는 보다 다양한 이해관계자 집단의 관점이 반영된 행복의 개념으로 좀 더 포괄적으로 해석하고 적용할 필요성이 있다.

실제로 SK는 최근 내부 경영 관리 체계인 SKMS(SK Management System)를 통해 "SK가 건강한 공동체로 기능하면서 동시에 행복을 더 키워 나가기 위해서는 SK 구성원뿐만 아니라 고객, 주주, 협력업체, 사회 등 이해관계자의 행복을 함께 키워 나가야 한다"고 선언하면서 다양한 이해관계자들을 브랜드 지향가치인 '행복'의 주체에 포함시켰다. 또한 "이해관계자의 행복을 위해 창출하는 모든 가치를 '사회적 가치(Social Value, SV)'로 정의하고 적극적으로 추구해야 한다"고 선언했다. SK는 경제적 가치와 이윤만 추구하던 SBL(Single Bottom Line)에서 벗어나 '경제적 가치(Economic Value, EV)'와 사회적 가치를 동시에 추구하고 관리하는 DBL(Double Bottom Line)을 새로운 기업 경영의 주요 방법론으로 정립하고, 이를 통한 기업의 지속가능한 안정과 성장을 실현하고자 노력하고 있다.

금융 쪽에도 비슷한 흐름을 찾아볼 수 있다. KB금융그룹은 ESG 경영의 실질적인 이행과 확산을 위해 국내 금융사 최초로 ESG 위원회를 발족시키고 기업 경영 전반에 ESG 가치를 반영하고 실천하고자 노력하고 있다. '세상을 바꾸는 금융'이라는 기치하에 "기업은 고객이 없으면 성장할 수 없고 지역사회가 없으면 상생할 수 없다"는 CEO의 말처럼 환경, 사회, 지배구조 전 영역에 걸친 ESG 경영을 실천하고 있다.

예를 들어, 'KB 그린 웨이브 2030(KB Green Wave 2030)' 전략을 통해 2030년까지 ESG 상품·투자·대출을 50조 원으로 확대할 계획이다. 중장기 탄소 중립 전략인 'KB 넷제로 S.T.A.R.(KB Net Zero S.T.A.R.)'를 바탕으로 2040년 탄소 중립을 달성하기 위해 그룹 내부 탄소 배출량을 2030년까지 42퍼센트 감축하고, 자산 포트폴리오는 2030년까지 33퍼센트 감축하는 로드맵을 제시했다.

두 번째 관리 원칙은 일관성(consistency)이다. 브랜드 관리에서 일관성은 종적 일관성(longitudinal consistency)과 횡적 일관성(cross-sectional consistency)으로 나뉜다. 종적 일관성은 시간의 흐름을 중시한다. 1879년 미국에서 출시된 비누 브랜드 아이보리(Ivory)는 출시 초기 '물에 뜨는 비누'라는 메시지와 함께 '99.44퍼센트 순수한 비누'를 브랜드의 주된 콘셉트로 내세워 인기를 모았다. 140년이 지난 지금도 동일한 콘셉트를 유지하고 있다.

물론 종적 일관성이 '브랜드의 지향가치나 콘셉트는 세월이 흘러도 절대로 변하지 말아야 한다'는 뜻은 아니다. 앞서 적합성 원칙에서 설명한 것처럼, 기업 내부 환경 혹은 외부 환경에 큰 변화가 발생하면 브랜드의 지향가치도 변할 수 있다. 예를 들어, 새로운 철학을 가진 경영자의 등장, 사업 영역의 변화, 브랜드 위기, 소비자의 니즈 변화, 사회문화적 트렌드의 변화, 경영 패러다임의 전환 같은 환경적 변화가 발생하면 브랜드 역시 이에 맞게 지향가치가 바뀐다.

하지만 가능한 한 종적 일관성이 유지돼야 소비자의 마음속에 브랜드의 이미지가 '축적'된다. 수시로 다른 얘기를 하는 브랜드는 이미지가 축적될 수 없다. 말콤 글래드웰이 《아웃라이어(Outlier)》에서 언급한 '1만 시간 동안 꾸준히 연습해야 최고의 경지에 다다를 수 있다'는 1만 시간의 법칙처럼 오랜 시간 이미지가 축적되어야 소비자 마음의 문지방을 넘어서 자리 잡고, 비로소 효율이 오르게 된다. ESG 시대 브랜드 관리의 종적 일관성은 ESG적 가치가 반영된 진화된 브랜드 에센스를 정의하고, 그 지향가치가 상당 기간 유지되어야 한다는 의미다.

다음으로 횡적 일관성에 대해 알아보자. '브랜드를 관리한다'는 것은 어떤 의미일까? 이는 기업의 가장 소중한 무형 자산인 브랜드 이미지를 구축하고 이를 활용·강화해서 기업의 핵심 전략자산으로 만들어가는 과정을 의미한다. 쉽게 말해, 이미지를 관리하자는 것이다. 이미지를 관리한다고 얘기하면 대부분의 사람이 광고를 떠올린다. 그런데 그렇게 단순한 게 아니다. 이미지를 관리한다는 게 얼마나 어려운 일인지, 얼마나 포괄적이고 통합적인 노력이 필요한 작업인지 생각해보자.

수업 시간에 학생들에게 '삼성전자'라는 브랜드를 말하고 머릿속에 가장 먼저 떠오르는 것을 얘기해보게 한 적이 있다. 각종 광고를 떠올린 학생들이 있는가 하면 '대한민국 대표 기업' '얼마 전 신문에서 읽은 관련 기사' '훌륭한 제품 품질' '뛰어난 AS' 'CEO' '며칠 전 통화한 콜센터 직원의 친절함' '조기 취업한 학생이 받은 환영과 축하의 꽃다발과 편지' 등을 떠올린 학생들도 있었다. 이 모두가 삼성전자의 브랜드 이미지인 셈이다.

이 중 광고로 인해 만들어진 이미지는 극히 일부에 불과하다. 한 브랜드의 이미지는 그 브랜드에 대한 사람들의 다양한 경험이 총체적으로 집합되어 형성된다. 이를 브랜드 경험(brand experience)이라고 한다. 그렇다면 브랜드 경험은 어디서 만들어지는가? 광고를 보면서, 제품을 사용하면서, AS를 받으면서, 언론을 통해서, 콜센터 직원과 통화하면서, 꽃다발을 받으면서 등등 소비자와 브랜드 사이의 다양한 접점에서 만들어진다. 이를 브랜드 접점(brand touchpoints)이라고 한다.

요약해보면, 브랜드를 관리한다는 것은 이미지를 관리하는 것이고, 브랜드 이미지는 소비자와 브랜드 사이의 여러 접점에서 일어나는 브랜드 경험들이 모여서 형성된다. 그렇다면 브랜드 관리를 잘하기 위해서는 어떤 노력이 필요할까? 소비자들의 브랜드 경험이 한 목소리를 낼 수 있도록 여러 브랜드 접점에서의 활동들이 통합적이고 일관되게 관리되어야 한다. 이것이 바로 횡적 일관성이다.

여기서 주목해야 할 점은 앞서 삼성전자의 예에서 살펴본 바와 같이 소비자와 브랜드의 접점을 담당하는 부서는 어느 특정 부서에 한정된 게 아니라 기업의 거의 모든 부서를 아우른다는 것이다. 광고나 프로모션은 마케팅부서에서, 품질은 R&D와 생산부서에서, AS나 고객응대 센터는 고객서비스부서에서, 언론 대응은 홍보부서에서, 영업은 영업부서에서, 꽃다발 배달은 인사부서에서 처리한다. 그리고 이들 여러 부서의 조율을 책임지는 사람은 마케팅부서의 임원이 아니라 최고경영자다. 결국 브랜드 관리에서 횡적 일관성은 기업의 최고경영자가 최고책임자가 되어 기업의 거의 모든 부서가 브랜드의 지향가치에 대한 공감대를 바탕으로 함께 참여해서 한 목소리를 내야 한다는 것이다. 그러한 의미에서 등장한 개념이 '전사적 브랜드 경영(Holistic Branding)'이다.

보다 다양한 이해관계자들을 경영 활동의 주된 고려 대상으로 파악하는 ESG 시대에 브랜드 관리의 횡적 일관성은 단순히 소비자들과의 접점뿐 아니라 내부 구성원, 협력업체, 지역사회, 환경 등을 포함한 보다 폭넓은 브랜드 접점에서의 경험들이 통합적이고 일관되게 관리되어야 함을 의미한다.

세 번째 관리 원칙은 효율성(efficiency)이다. 경영이나 마케팅에서 빼놓을 수 없는 개념으로 ROI(return on investment), ROMI(return on marketing investment)가 있다. 입력(input) 대비 출력(output)을 나타내는 효율성 지표다. 브랜드 관리도 마찬가지다. 효율적으로 해야 한다. 효율성을 구성하

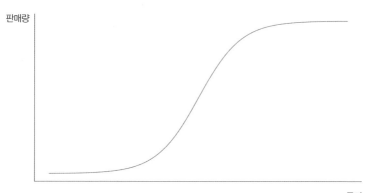

판매량

투자

S자 곡선 형태의 판매반응함수 그래프

는 두 요소인 인풋과 아웃풋으로 나눠 살펴보자.

우선 인풋 측면에서 생각해보자. 판매반응함수(sales response function)란 개념이 있다. 어떤 마케팅 활동에 대한 투자를 늘렸을 때 판매가 어떻게 반응하는가를 그래프 혹은 함수 형태로 나타낸 것이다. 가장 전형적인 판매반응함수는 S자 형태의 곡선으로 표현되는 시그모이드 함수(sigmoid function)다.

그런데 이 S자 곡선은 효율적 인풋, 즉 효율적 투자와 관련해 시사하는 바가 있다. 우리는 일반적으로 비효율이라고 하면 '낭비'라는 단어를 떠올린다. 낭비는 필요 이상의 지출을 의미한다. 하지만 이 S자 곡선에서 비효율 구간은 양쪽 모두에 있다. 즉, 과다한 투자와 과소한 투자 모두 비효율의 원인이다.

TV 광고를 보자. 광고 투자가 지나쳐 소비자가 정도 이상으로 동일한 광고에 반복적으로 노출되면 광고 마모 효과(ad wearout effect)가 발생해 감정적인 역반응이 나타나면서 광고 효과가 떨어진다. 그렇다고 광고 횟수를 무작정 줄이는 것도 좋지 않다. 광고가 소비자의 구매 행동에 영향을 주기 위해서는 소비자가 동일한 광고에 적어도 몇 번 이상 노출되어 그 광고가 머릿속에 남아 있어야 한다. 이를 최소 노출 횟수라고 한다.

심리학자 허버트 크루그만은 동일한 광고에 적어도 3회 이상 노출되어야 효과가 나타난다고 주장했다(이를 3회 노출 이론이라 한다). 연구에 따르면 TV 광고를 1회 시청한 소비자의 90퍼센트 이상이 자신이 본 광고를 기억조차 하지 못했다. 광고 효과를 기대하기 위해서는 최소 6회 이상 광고에 노출되어야 한다는 연구 결과도 있다(김효규, 2012, 한국광고홍보학보). 이처럼 소비자 마음의 문지방을 넘지 못할 정도의 적은 투자는 비효율의 또 다른 원인일 수 있다.

실제로 기업 현장에 가보면 마케팅 활동에서 발생하는 투자 측면에서의 비효율은 과다 투자가 아닌 과소 투자로 인해 발생하는 게 대부분이다. 효율적인 브랜드 관리를 위해서는 적정 수준의 투자가 필요하다. ESG 시대에 브랜드 관리의 효율성 원칙에서 인풋 측면이 시사하는 것은 브랜드 지향가치에 ESG적 가치가 반영되었다면 이를 위한 기업의 투자와 노력 역시 적정 수준 이상 보장되어야 한다는 것이다.

다음으로 아웃풋 측면을 생각해보자. 아웃풋이란 성과를 의미한다. 효율성 원칙이란 투자만 해서는 안 되고, 투자 대비 성과가 얼마나 있었는지 측정해서 관리하라는 것이다. 지금까지의 브랜드 관리에서 성과지표는 주로 매출이나 이익 차원에서 측정되고 관리돼왔다. ESG를 반영한 경영은 보다 다양하고 포괄적인 이해관계자들의 가치를 고려해야 한다. 따라서 ESG 시대 브랜드 관리의 효율성 원칙에서 아웃풋 측면이 시사하는 것은 매출, 이익만이 아니라 보다 다양한 이해관계자들의 가치가 얼마나 증진되었는지 성과 지표에 반영하고 측정, 관리해야 한다.

예를 들어, SK그룹의 각 관계사들은 앞서 소개한 DBL을 실천하기 위해 '비즈니스 모델의 가치(Value of Business Model)'를 2가지 가치의 합으로 정의하고 이를 성과 측정에 반영해 관리하고자 노력하고 있다. 그중 하나는 경제적 가치(Economic Value)로, 이는 '기업 경제활동의 최종 결과물로서 일반적으로 인정되는 기업 회계 기준에 의해 공시되는 재무 성과'로 정의한다. 다른 하나는 사회적 가치(Social Value)로, 이는 '기업 경제활동을 통해 사회 이익을 창출하고 사회 훼손 비용을 줄임으로써 창출되는 사회 성과'로 정의한다. 사회적 가치 추구를 통해 얻어지는 성과는 구체적으로 비즈니스 사회 성과(기업의 생산 과정과 그 결과인 제품과 서비스를 통해 창출되는 사회 성과), 사회 공헌 사회 성과(기업이 수행하는 사회 공헌 활동을 통해 창출되는 사회 성과), 국민경제 기여 사회 성과(임금, 세금, 배당·이자 등 기업의 경제활동 중 구성원이나 이해관계자들에게로 경제 자원을 이전하는 과정에서 창출되는 사회 성과) 3가지로 분류해 관리하고 있다.

네 번째 관리 원칙은 당위성(substantiality)이다. 흔히 브랜드 관리는 좋은 이름을 짓고 열심히 광고하는 게 전부라고 생각하는데, 이는 실무자들이 갖는 대표적인 오해이자 착각이다. 물론 좋은 이름을 짓고 열심히 광고하는 것은 브랜드 관리에 있어서 매우 중요한 활동임에 틀림없다. 하지만 이것이 브랜드 관리의 전부라고 하기는 어렵다. 실체가 없기 때문이다. 여기서 실체라는 것은 "왜 우리 제품을 구매해야 하는지 소비자들에게 충분한 당위성을 제공하는가"라는 질문에 대한 대답을 의미한다.

바꿔 말하면, 어떤 브랜드가 지향하는 핵심 가치인 브랜드 에센스가 말로만 끝나서는 안 되고 '브랜드 약속(Brand Promise)'이라는 보다 구체화된 고객과의 약속을 거쳐 다양한 브랜드 접점에서 소비자들이 실제로 경험할 수 있는 실체로 구현되어야 한다는 것이다. 경험을 통해 형성된 브랜드 이미지가 가장 강력한 법이다.

ESG 시대 브랜드 관리의 당위성 원칙은 ESG가 지향하는 가치가 반영된 브랜드 에센스가 말로만 끝나서는 안 되고 다양한 브랜드 접점에서 실체로 구현되어야 함을 뜻한다. 그리고 이 실체의 경험 대상에 단지 소비자만이 아니라 종업원, 협력업체, 지역사회, 환경 등 ESG가 전제하는 다양한 이해관계자가 포함되어야 함을 의미한다.

실례를 살펴보자. 매일유업의 분유 브랜드 앱솔루트는 '아기에게 좋은 것만 주고 싶어 하는 엄마의 마음'과 '모유의 영양을 그대로 담은 믿을 수 있는 제품을 제공하는 것'을 브랜드 약속으로 정의하고 이를 소비자가 경험할 수 있도록 노력하고 있다. 대표적인 예가 매일유업의 특수분유 사업이다. 매일유업은 선천성 대사이상질환 아이들을 위한 특수분유를 꾸준히 개발, 생산해서 1999년부터 현재까지 8종 12개 제품을 국내에서 유일하게 공급하고 있다. 여기에는 숨겨진 이야기가 있다.

과거 아이들의 선천성 대사이상 질환을 발견한 의사들이 매일유업에 가루 형태의 아미노산을 만들어달라고 요청했다. 이를 전해 들은 매일유업의 창업주 고 김복용 회장은 환아들을 위한 특수분유 제작을 지시하고, 이 사업만큼은 비용 문제가 있어도 중단하지 말라고 당부했다. 이렇게 개발된 제품들은 동일 질환에 대한 수입 분유의 4분의 1 가격에 정부에 제공되고, 정부는 이를 미성년 환아에게 100퍼센트 무상지

원하고 있다.

특수분유를 생산하기 위해서는 제품별로 제한해야 하는 아미노산이 다르기 때문에 생산하기에 앞서 다른 분유 생산 공정을 중단하고 28시간 동안 기계 내부를 세정하다 보니 또한 소수 환아들을 위한 분유이므로 소량 생산해야 하고, 포장 작업 역시 최소 발주 수량 요건을 충족시키지 못해 별도의 인원을 투입해야 한다. 기업으로선 손해 보는 장사인 셈이다.

하지만 매일유업은 특수분유에 대해 생산 제품 중 최대 수준인 두 자릿수 허용 적자율을 적용하며 개발과 생산을 이어가고 있다. 기업의 이윤 극대화에 도움이 되지 않더라도 '단 한 명의 아이도 소외되지 않고 건강하게 자랄 수 있어야 한다'는 브랜드 철학을 실천하기 위해서다. ESG에서 'S'의 가치가 브랜드 지향가치에 반영되어 다양한 이해관계자들을 대상으로 한 실체로 구현된 것이다.

2009년 출범한 명인명촌은 '이야기가 있는 숨겨진 보물'이라는 브랜드 슬로건이 의미하듯, 대한민국 곳곳의 뛰어난 특산품과 이를 이용한 장인들의 전통식품을 발굴해 그 가치를 소비자들에게 온전히 전달함으로써 전통식품의 원형을 보존하고 진화시키는 플랫폼 역할을 하기 위해 만들어진 프리미엄 전통식품 브랜드다.

명인명촌은 각 지역 최고의 장인(명인), 산지(명촌), 소비자 사이에서 긍정적인 시너지 효과를 낼 수 있는 상생의 장을 만들고자 지속적으로 노력해왔다. 지역 특산품과 장인을 발굴하기 위해 대한민국 방방곡곡 수도 없이 발품 팔며 돌아다닌 것은 물론이다. 대부분의 식품 브랜드가 최종 제품의 가치에 초점을 두고 소비자에게 소구해온 것에 비해 명인명촌은 최종 제품뿐만 아니라 그 제품 뒤에 가려져 있던 산지와 제조 장인이 모두 주인공이 되어 소비자와 만날 수 있도록 했다. 적당한 가격에 구매해서 적정한 마진을 남기고 팔기 위한 '상품'을 선보이는 차원이 아니라, 전통 식문화의 원형을 발굴해 최고 장인들의 작품을 소비자들에게 다가감으로써 소외되고 저평가되었던 지역 전통 식문화의 가치를 유지하고 확장하는 것이 명인명촌이 추구하는 사회적 가치다.

명인명촌이 프리미엄 식품 브랜드로 자리매김할 수 있었던 가장 큰 힘은 명인명촌이 추구하는 사회적 가치에 대한 80여 곳 산지 생산자들의 공감대와 자부심이다. ESG에서 얘기하는 다양한 이해관계자들 중 협력업체, 즉 산지 및 생산자와의 상생, 그리고 지역 전통 식문화의 보존과 발전이라는 사회적 가치를 추구해왔고 또한 실체로 구현해내고 있는 것이다.

타산지석으로 삼을 만한 사례를 찾아서

본질적으로 기업에는 다양한 잠재적 위기가 있게 마련이다. 부도, 감원, 인수 및 합병, 노사 분규, 공장의 화재나 폭발 사고, 항공사의 비행기 추락 사고, 소비자들의 불매 운동, 유조선의 기름 유출 사고, 지진, 소송, 테러, 폭행 등등 기업에서 발생할 수 있는 사건 사고를 일일이 언급하려면 끝도 없다.

위기관리 방법도 이론에서 실전 매뉴얼까지 다양하다. 몇 가지 공통점을 찾아보자. 가장 기본은 평소에 좋은 이미지를 구축해놓는 것이다.

브랜드 전략에서 빠질 수 없는 것이 기업 이미지 아닌가. 제품 이미지에서 기업 이미지에 이르기까지 고루 매력적으로 만들어야 한다. 브랜드 전략을 잘 구사하라는 말과 같다.

사전준비도 중요하다. 소 잃고 외양간 고쳐선 안 된다. 위기관리 매뉴얼을 만들어놓고 주기적으로 모의 훈련을 하는 기업은 위기가 닥쳐도 쉽게 헤쳐 나갈 수 있다. 연습을 실전처럼, 실전을 연습처럼 하는 자세가 필요하다. 아울러 위기관리팀도 구성해야 한다.

'미디어와 협력하라'도 깊이 새겨둬야 할 금과옥조다. 미디어를 같은 편으로 만들지는 못하더라도 최소한 적군으로 만들어서는 안 된다. 요즘엔 미디어가 워낙 다양해진 데다, 소셜 미디어의 발달로 기존 미디어의 위상이 예전 같지 않다. 트리플 미디어 시대가 도래하면서 내가 운영하는 미디어(owned media, 회사 사이트 등), 내가 돈을 지불하는 미디어(paid media, 각종 광고 등)보다 내 소식을 전달하는 미디어(earned media, 각종 소셜미디어 등)가 회사의 평판을 좌우하는 시대가 됐다.

신속히 대응하되 성급하게 굴지 말 것, 당황하지 말 것을 강조하기도 한다. 우물쭈물하거나 우왕좌왕해서는 안 된다는 거다.

진정성, 공정성이 강조되면서 브랜드 위기는 더욱 커지고 있다. 작은 실수와 안일한 대응이 기업의 명운을 가르기도 한다. 기업 지배구조에 대한 관심도 커졌다. 여성, 외국인 등 이사회 구성원의 다양성도 중요하다. 그에 못지않게, 아니 그보다 더 중요한 것이 '지배구조가 제대로 작동되는가'이다. 지배구조에 문제가 생기면 몇 년 안에 회사가 몰락할 수도 있다.

지금까지 ESG의 부각과 MZ세대의 등장이라는 새로운 파도 속에서 브랜드 전략을 어떻게 세워야 할지 포괄적인 차원에서 살펴보았다. 그렇다면 이를 구체적으로 어떻게 실천해야 할까? 시험공부 중 으뜸은 기출 문제를 풀어보는 것이고, 등산할 때 앞서 올라간 사람의 발자취를 따라가면 위험이 적다. 비즈니스에서도 마찬가지다. 앞서 나간 기업의 사례를 찾아보는 것이 가장 좋은 공부가 된다.

2부부터는 지속가능한 브랜드로 주목받는 기업과 그 기업의 경영진이 어떤 방법으로 브랜드 철학을, 사업 모델을, 생산 과정을, 운영 방법을, 마케팅 포인트를 바꿨는지 살펴볼 것이다. 이들의 방법을 내 것으로 소화하면서 무엇을 어떻게 하면 좋을지 생각해보자. 그래서 여러분의 기업을 지속가능 브랜드(sustainable brand)로 만들어보자.

21세기도 20년 넘게 지났다. 이제 브랜드, 마케팅 전략에서 환경친화성은 기본이 됐다. 공정성도, 투명성도 갖춰야 한다. 소위 '힙한' 마케팅도 할 줄 알아야 한다. 고객의 칭찬을 받는 것을 넘어 골수팬을 만들어야 한다. 어떤 사례는 내가 속한 조직에 딱 맞을 것이고, 어떤 사례는 그렇지 않을 것이다. 이들 기업(또는 개인)이 구사한 방식을 다 적용할 필요는 없다. 물론 그럴 수도 없다. 다만 내가 서 있는 위치에서 필요한 것을 골라서 익히면 충분하다.

2부

적합성,

파도가 칠 때에

서핑을

목적은 브랜드를 드러내는 데 매우 중요한 요소다. 목적 있는 성과를 추구하고 이윤을 창출할 뿐 아니라 그에 못지않게 사회적으로 어떤 역할을 할 것인가를 강조하는 브랜드는 사랑받는다. 1부에서 브랜드 관리에서 이런 '목적'에 해당하는 개념으로 '브랜드 에센스'가 있다고 설명했다. 브랜드 에센스는 브랜드가 지향하는 핵심 가치를 의미한다. 브랜드 에센스는 브랜드가 나아가야 할 방향을 제시하는 방향타 역할을 한다. 브랜드 관리의 출발점이자 브랜드의 존재 가치라고 할 수 있다.

세븐스제너레이션은 환경적·사회적으로 일곱 세대 이후까지 미칠 영향을 고려한 브랜드임을 회사 이름에 담고 있다. 주주 중시에서 이해관계자 중시, 이익 중시에서 지속가능 경영 중시라는 커다란 경영 패러다임의 변화를 브랜드 이름에 밝힌 셈이다. H&M의 경우, 창업 2세대는 이익을 추구했지만 3세대부터는 지속가능 경영을 목표로 삼고 있다. 시대의 흐름에 맞춰 브랜드 에센스를 변화해 온 그들의 행보를 주목해보자.

창업자가 스스로 사회기여형 CEO로 변신한 경우도 있다. **버진그룹**의 리처드 브랜슨이 대표적이다. 그는 유명세를 바탕으로 셀란트로피스트(Celanthropist, 유명인＋박애주의자) 반열에 올랐다. **유니레버**의 폴 폴먼은 CEO보다는 사회운동가로 불린다. 세계 유수의 평가기관 모두가 유니레버에 좋은 점수를 주는 데는 다 이유가 있다. 덴마크 동에너지는 새로운 브랜드 에센스를 위해 회사 이름을 **오스테드**로 바꿨다. 이름만 바꾼 게 아니라 그에 걸맞은 비즈니스 모델로의 전환도 성공적으로 수행해냈다.

평범한 제조업체였던 **가토제작소**는 세대간 평등에 초점을 맞춘 기업의 대명사다. 이곳은 고령층만이 보유할 수 있고 젊은층은 결코 보유할 수 없는 경험이란 자산을 높이 평가했다. 강자와 약자가 있을 때, 약자를 무조건 배려하기보다는 강자의 강점을 무력화시킬 수 있는 약자의 역량을 활용한 전략이 돋보인다.

일찌감치 친환경 시장에 눈을 뜬 **메소드**는 '비싸지만 사주세요'가 아니라 '이 제품은 고급 브랜드 제품입니다. 거기에 친환경을 더했습니다'라는 포지셔닝으로 성공했다. 이처럼 브랜드 프레임을 짤 때 친환경과 고급스러움 중 어느 것을 우선순위에 두는가에 따라 브랜드 전략이 전혀 달라진다.

이름이 곧 목적이다
세븐스제너레이션

우리는 200년을 생각합니다

#일곱 세대를 위한 브랜드 #지속가능성

세븐스제너레이션의 모든 제품은 원재료부터 포장재까지 철저한 친환경을 지향한다.

'지속하다'라는 뜻을 지닌 영어 단어 '서스테인(sustain)'의 명사형 '서스테이너빌리티(sustainability)'. 지속가능성으로 번역되는 이 단어가 어느 틈엔가 우리 주변에서 널리 쓰이고 있다. 그만큼 세상이 바뀌었다는 뜻이리라. 이 단어에는 '다음 세대가 쓸 자원을 미리 당겨서 쓰지 말라'는 경고가 담겨 있다. 여기서 다음 세대란 어디까지를 뜻하는 것일까? 우리 자식? 우리 손주? 통일된 정의는 없다.

천연세제로 유명한 세븐스제너레이션(Seventh Generation)은 이 질문에 나름의 해결책을 찾아냈다. 세븐스제너레이션은 미국의 인디언 부족 이로쿼이족(Iroquois)의 위대한 법칙을 참고해 "결정은 일곱 번째 후대에까지 미칠 영향을 고려해야 한다"는 의미를 브랜드명에 담았다. 일곱 세대라면 한 세대를 25년으로 잡을 경우 거의 200년에 가까운 시간이다. 그렇다면 지금으로부터 200년 전은 어땠을까? 1820년은 유럽과 미국이 아시아를 따돌리고 경제적으로 도약하기 시작한 '대분기(the great divergence)'의 출발점이다. 특히 영국은 산업혁명으로 급속히 성장하고 있었다. 제1차 세계대전은 이 시기보다 100년 후에 발발한다. 이렇게 보면 세븐스제네레이션의 일곱 세대 발언은 자못 허황돼 보인다. 좋게 봐도 딱 마케팅이나 홍보용 문구로 여겨진다.

그런데 이 기업은 브랜드명만 특이한 게 아니다. 창업자 중 한 명인 제프리 홀렌더는 사업가라기보다 사회운동가에 가깝다. 사상가 이반 일리치의 《학교 없는 사회(Deschooling Society)》에 감명받은 그는 1977년 토론토에 스킬스 익스체인지(Skills Exchange)라는 비영리 기관을 세운다. 2년간 창업자 겸 CEO로 재직하면서 평일 저녁과 주말에 어른을 공부시키는 프로그램을 운영했다. 이곳은 코딩부터 집 구매하는 법, 사진 인화하는 법 등 실생활에 필요한 기술을 '주 1회, 회당 두 시간, 총 4회, 수업료 25~50달러'에 제공했다.

홀렌더는 이후 몇 가지 사업을 더 운영하다가 1989년 앨런 뉴먼이 인수한 리뉴아메리카(Renew Ameriaca)에 합류한다. 이 회사는 뉴먼이 1년 전에 인수한 곳으로 이후 세븐스제너레이션으로 변신한다. 1992년 두 경영자가 사업 방향, 비전에 대해 이견을 보여 뉴먼이 회사를 떠나면서 홀렌더 단독 지휘 체제가 시작된다.

사회운동가가 운영하는 회사는 어떤 제품을 판매했을까? 세븐스제너레이션은 1990년 북미 최초로 재생종이를 활용한 무독성 생필품 제품 라인을 선보였다. 당시만 해도 재활용 원료를 쓴다는 것은 불량과 동의어였다. 다른 기업들은 재활용 원료를 사용하더라도 그 사실을 철저히 감추려 했다. 하지만 홀렌더는 생각이 달랐다. 재활용 제품임을 과감히 고객에게 알렸다. 그 결과는 어땠을까? 1여 년 만에 주문이 7배나 증가했다.

2001년에는 수질 오염을 가속화시킨다는 이유로 인산염을 넣지 않은 식기세척기 세제를 출시했다. 유럽연합은 2011년에야 인산염 사용을 금지시켰는데, 무려 10년이나 먼저 일개 기업이 이를 실행에 옮긴 것이다. 30여 년이 넘는 세월 동안 이런 사업 기조를 유지하면서 세븐스제너레이션은 미국 소비자들 사이에 친환경의 대명사로 자리 잡았다.

친환경 브랜드 이미지를 꾸준히 구축해온 이 회사는 2016년 유니레버에 7억 달러, 우리 돈으로 9000억 원에 인수된다. 기업이 인수됐다고 하면 '망한 게 아닌가' 하고 쉽게 생각할 수 있지만, 적정한 가격에 기업을 합병하는 것은 미국에서 성공으로 통한다. 30년간 올곧게 유지해온 세븐스제너레이션의 노력이 그만큼 인정받은 것이다.

연매출 600억 달러가 넘는 유니레버는 왜 매출 2억 달러에 불과한 친환경 브랜드를 인수한 것일까? 유니레버의 다양한 비즈니스 모델 중에는 10억 달러 규모의 사업을 인수해 50억~100억 달러의 규모로 성장시키는 것이 있다. 이런 사업 방식에는 나름의 이유가 있다. 이 방식을 잠시 들여다 보자.

소비자가 변했다, 세상이 바뀌었다는 말을 많이 한다. 소비자의 취향이 변함에 따라 선호하는 제품도 달라지는 법이다. 문제는 어느 것을 좋아할지 실제 접해보지 않고서는 알 수 없다는 것이다. 유니레버가 직접 소규모 사업을 행할 수도 있지만 쉽지 않은 일이다. 왜 그럴까? 100억 달러짜리 사업부의 직원을 매출이 언제 날지도 모르는 신규사업팀으로 보내면 허탈감을 느낄 수밖에 없다. 호기롭게 사업을 시작하더라도 규모가 작은 탓에 사내에서 주목받지 못하다가 유야무야 정리되는 경우도 비일비재하다.

그래서 3M처럼 R&D 위주의 바텀업(bottom-up) 경영을 하는 일부 회사를 제외하고는 작은 규모의 사업을 직접 일궈내기란 쉽지 않은 일이다. 그래서 유니레버 같은 글로벌 기업은 시장에서 회사를 산다. 세븐스제너레이션의 친환경 콘셉트는 유니레버가 갖지 못했던 사회적 가치(social values)를 담고 있었다. 유니레버로선 이 회사를 인수함으로써 수익 이상의 브랜드 효과를 기대할 수 있었다.

세븐스제너레이션은 제품뿐만 아니라 기업의 모든 생산 단계에서 친환경적인 행보를 보였다. 사회적 · 환경적 성과와 회계 책임, 투명한 엄격성을 기준으로 하는 'B코퍼레이션(B Corporation)' 인증을 받은 것은 물론 자연친화적 건축물에 부여하는 친환경 인증(LEED)도 받았다. 친환경 인증은 물, 에너지와 대기, 소재와 자원, 실내 환경의 질, 혁신과 디자인, 지속가능한 부지라는 6가지 범주를 충족시키는가 여부에 따라 주어진다. 쉽게 말해, 사무실이 자원과 사용자의 건강을 보호하고 있다는 뜻이다.

동물실험반대(Cruelty Free) 인증도 받았다. 세븐스제너레이션의 모든 제품은 동물 실험을 절대 하지 않으며, 어떠한 동물 기반 성분도 사용하지 않는다. 제품 포장에 보이는 '뛰어오르는 토끼 마크'가 이를 상징한다. 미국 농무부로부터 바이오 기반 인증(Biobased)도 받았다. 이는 재생 가능한 원료로 제품을 만들었다는 뜻이다.

사회 공헌도 빼놓을 수 없다. 세븐스제너레이션의 모든 직원은 누구나 자신의 근무 시간 중 1퍼센트 또는 20시간을 들여 지역사회 봉사 활동을 의무적으로 수행해야 한다. 공공 및 비영리 기관과의 파트너십도 막강하다. 본사가 위치한 버몬트 주의 '사회적 책임을 위한 버몬트 위원회'에 가입되어 있다. 이곳은 경제, 사회, 환경 분야를 중심으로 기업 윤리의 지속적 발전을 추구하는 비영리 기구다. 또한 '미국 지속가능한 사업 위원회'에 가입해 16만 곳 이상의 기업, 30만 명 이상의 기업가와 함께 지속가능한 개발, 사회적 책임 등을 추구하고 있다. '기후 및 에너지에 관한 혁신적 정책을 위한 사업'에 합류해 에너지와 기후변화에 관한 법을 통과시키기 위해서도 노력하고 있다.

정리해보자. 멋진 브랜드를 만든다. 그에 걸맞게 행동한다. 제품이건 CEO의 일거수일투족이건 브랜드 콘셉트에 맞게 '일관성'을 축적한다. 사회 공헌은 기본이고, 관련 비영리 기관들과도 협업한다. 필요한 인증도 모두 받는다. 이런 지속되고 일관된 노력 끝에 소비자의 사랑과 충성도를 끌어냈고, 이를 통해 10억 달러를 향해가는 기업으로 성장했다. 마침내 동종업계의 거인으로부터 인수 제의를 받게 된다. 이 모든 스토리가 7세대를 생각한다는 세븐스제네레이션이란 이름 하나로 수렴할 수 있다. 브랜드가 회사의 존재 의의를 설명할 수 있다면 그보다 좋을 순 없다.

업을 새롭게 정의하라
유니레버

허리띠를 졸라매는 방식은 NO

#ESG의 대명사 #폴 폴먼

유니레버의 다양한 브랜드들.
유니레버는 먹는 것부터 바르는 것까지 다양한 브랜드를 가진 글로벌 소비재 기업으로
'지구를 살리는 것이 돈이 된다'는 경영철학을 갖고 있다.

유니레버(Unilever)는 1929년 영국의 비누 회사 레버 브러더스(Lever Brothers)와 네덜란드의 마가린 회사 마가린 유니(Margarine Unie)가 합병해 탄생했다. 합병 이후 90여 년의 세월이 흐른 대표적인 장수 기업이다.

유니레버의 상황이 항상 좋기만 했던 것은 아니다. 전통적으로 개별 브랜드에 집중하는 전략을 취하다 보니 전체적으로 어느 브랜드가 돈이 되는지 파악하기 힘들었다. 그래서 1998년 브랜드 대정리에 들어간다. 수익률 분석을 통해 총수익의 90퍼센트를 차지하는 고수익 브랜드를 제외하고 모두 매각하기로 한 것이다. 이때 화장품 브랜드로 유명한 엘리자베스 아덴(Elizabeth Arden)이 매각된다. 브랜드 정리는 2004년까지 계속됐다.

그러나 이것만으로는 부족했다. 대대적인 개혁을 위해 외부에서 구원 투수를 수혈했다. 2007년 로봇, 에너지, 자동화 분야의 선두 기업 ABB 그룹의 마이클 트레쇼를 회장으로, 2009년 P&G와 네슬레(Nestle)에서 30년간 일한 폴 폴먼을 CEO로 영입한다. 폴먼이 CEO로 취임하면서 유니레버의 경영은 환경 및 사회 가치를 중시하는 방향으로 급격하게 변화한다.

폴먼은 단기 실적에 연연하지 않고 장기적 관점에서 사업을 추진하기 위해 분기별 실적 전망을 중단하는 용단을 내렸다. 전례 없는 행보에 주주들과 잠재적 투자자 모두 경악했다. 그러나 그는 "유니레버가 추구하는 장기 가치 창출 모델에 대한 신뢰가 없다면 다른 곳에 투자하라"는 도발적 발언도 서슴지 않으며 밀어붙였다.

취임 이듬해인 2010년에는 '지속가능한 삶 계획(Sustainable Living Plan, SLP)'이라는 청사진을 발표하며 지속가능한 성장을 위한 구체적 비전을 제시했다. 구체적으로 살펴보자. 제품에서 트랜스지방 사용을 줄이고, 지속가능한 방식으로 생산된 농산물의 구매 비중을 확대하며, 포장재 사용량을 줄이는 등 원재료 조달부터 제품 생산 및 소비에 이르는 전 단계에 걸쳐 책임 있는 기업 시민으로서 노력을 기울일 것을 선언했다. 이를 통해 2020년까지 지구 환경에 끼치는 부정적 영향을 절반으로 줄이겠다고 공표했다. 지구를 살리는 게 돈이 된다고 굳게 믿는 폴먼의 의지가 여실히 드러나는 대목이다.

그가 언급한 대로 지금 문제가 되고 있는 빈곤, 기후변화, 식량 문제, 삼림 파괴 등은 하루아침에 해결할 수 있는 수준이 아니다. 10년 계획 같은 보다 장기적이고 구조적인 해결책이 필요하다. 게다가 이러한 문제들은 세계 자본주의의 진전과 함께 더욱 심각해지고 있어서 기존 자본주의 모델 자체의 수정이 요구된다. 폴먼은 만약 유니레버 같은 기업이 이러한 사회 문제를 해결하는 데 나서지 않는다면 소비자들은 유니레버가 사업을 계속해 나가는 것을 결코 지지하지 않을 것이라고 단언했다.

하지만 선언이 선언으로 그친 사례는 수없이 많다. 유니레버의 계획은 실제로 실천되고 있을까? 한 가지 사례를 소개한다. 유니레버는 대표적인 소비재 회사다. 유니레버의 자회사인 벤앤제리스(Benjerry)의 아이스크림처럼 입을 통해 몸속으로 들어가는 제품부터 유니레버의 대표 상품 바세린처럼 피부를 통해 몸속으로 들어가는 제품까지 유니레버가 생산하는 제품들은 모두 생활과 밀접하게 연결되어 있다. 이들 제품의 라벨에는 명칭, 유통 기간, 성분 구성 등이 필수적으로 기재돼야 하는데 글자가 작아서 잘 보이지 않을 뿐더러 읽어도 정확히 무슨 내용인지 알기 힘들었다.

이를 개선하기 위해 유니레버는 2000여 개 제품 라벨에 바코드를 부착했다. 스마트 라벨 애플리케이션으로 바코드를 스캔하면 추가 정보가 뜬다. 이를 통해 안심한 소비자들은 '스마트 라벨' 제품을 더 많이 구매할 것이다. 이 같은 방법으로 사회적으로 유익하면서도 돈을 더 많이 벌 수 있는 방법을 찾아 나가고 있다.

기업의 지속가능성은 유니레버의 핵심 가치다. 제품 개발부터 인사관리와 홍보까지 모든 것이 핵심 가치를 기반으로 결정되고 움직인다. 폴먼은 무조건 허리띠를 졸라매는 경영 방식에 부정적이다. 인건비 등 비용을 삭감하는 방식으로 실적을 개선하는 건 "우리(유니레버) 식이 아니다"라고 선을 긋는다. 그는 "장기적 관점에서 사업 체계를 준비하는 것이 유니레버의 미래에 도움이 되고, 이는 주주 가치 상승으로 이어질 것이다"고 설득해왔다. 이 같은 뚝심으로 그는 주가 등락 등 단기 성과에 민감한 투자자들에게 신임을 얻을 수 있었고, 투자자들의 입김에서 자유로운 경영 전략을 추진할 수 있었다.

2018년 칸 광고제 주최 측은 라이언 하트 수상자로 폴먼을 지명했다. 2014년 만들어진 이 상은 상업 브랜드의 힘으로 공익사업을 해온 개인에게 수여한다. 1954년에 시작된 칸 광고제는 유구한 역사만큼이나 그 권위를 인정받는다. 2011년 그 명칭이 국제 크리에이티비티 페스티벌로 바뀌었지만, 여전히 광고의 비중이 막강하다. 2014년 이 상이 제정되었다는 것은 '사회에의 기여'가 그만큼 중요해졌다는 뜻이다.

역대 수상자의 면면을 살펴보자. 2014년 레드 프로젝트로 유명한 보노, 2015년 환경주의자 앨 고어 전직 부통령, 2016년 탐스 슈즈(TOMS shoes)의 블레이크 마이코스키, 2017년 코믹 릴리프 재단을 설립한 리처드 커티스 영화감독, 2018년 유니레버를 이끄는 폴 폴먼이다. 기존 수상자가 가수, 전직 부통령, 벤처 사업가, 영화감독인 데 비해 최초로 대기업 CEO가 수상자로 선정되었다는 점이 눈길을 끈다. 그만큼 그의 경영 방식은 기존 글로벌 기업의 방향과 달랐다.

2018년 말 폴먼의 임기가 끝났다. 유니레버는 영국 런던과 네덜란드 로테르담에 각각 본사를 두고 있는데 그는 민첩성을 높이기 위해 본사를 네덜란드로 일원화하겠다는 계획을 발표했다. 이 계획은 영국 주주들의 반대로 무산됐고, 계획을 주도한 폴 폴먼이 사퇴하는 결과가 초래됐다. 브렉시트로 인한 불안을 기회로 삼으려는 네덜란드 측과 이를 저지하려는 영국 측이 충돌한 것이다. 폴 폴먼의 국적이 네덜란드라는 것도 사퇴에 영향을 미쳤다.

폴 폴먼의 통찰력 덕분에 유니레버는 ESG 시대에 가장 걸맞은 브랜드가 되었다. 수많은 평가기관들이 유니레버에 후한 점수를 주고 있다. 유니레버가 좋은 점수를 받지 못하면 이는 유니레버의 잘못이 아니라 평가 방식의 잘못이라고 여길 정도다.

어쨌든 폴먼은 떠났다. 이제 유니레버는 어떤 방향으로 나아갈까? 지속가능 경영은 계속 유지될까? 만약 대체된다면 어떤 개념으로 대체될까? 유니레버의 행보에 관심을 갖고 지켜본다면 향후 우리 기업이 나아갈 방향을 어떻게 설정해야 할지 힌트를 얻을 수 있을 것이다.

스스로 뉴스가 되라

버진그룹

괴짜 경영자의 충성 고객 얻는 법

#셀란트로피스트 #리처드 브랜슨

'괴짜 경영자' 리처드 브랜슨의 이름을 전 세계에 알린 1998년 뉴욕의 버진콜라 출시 행사.
이날 브랜슨은 탱크로 코카콜라를 깔아뭉개는 퍼포먼스를 펼쳤다.

셀란트로피스트(Celanthropist)라는 단어를 들어본 적 있는가? 유명 인사를 의미하는 셀러브리티(celebrity)와 자선가, 박애주의자(philanthropist)가 결합해 만들어진 단어다. 자신의 부와 인지도를 활용해 사회문제를 해결하기 위해 열심히 활동하는 유명 인사를 가리키는 말이다. 〈타임〉은 안젤리나 졸리, U2의 보노, 리처드 브랜슨을 셀란트로피스트의 대명사로 꼽았다.

안젤리나 졸리는 유엔난민기구(UNHCR) 홍보대사 활동으로 유명하다. 2007년에는 난민 발생 방지에 기여한 공로를 인정받아 국제구호위원회로부터 상을 받았다. 2012년부터는 유엔난민기구 글로벌 특사로 활동하고 있다. 보노는 프로덕트 레드(Product RED)로 유명하다. 2006년 에이즈의 위험성을 알리고 모금 활동을 수행한 이 프로젝트는 애플을 비롯한 여러 글로벌 기업을 참여시킨 성공 사례로 회자되고 있다. 이름만 들어도 알 만한 영화배우와 뮤지션이 사회 활동을 통해 세상을 변화시키고 있으니 이들을 셀란트로피스트로 부르는 데는 이견이 없을 것같다. 그런데 리처드 브랜슨 버진그룹(Virgin Group) 회장은 어떤 연유로 이 대열에 합류한 것일까?

리처드 브랜슨은 '괴짜 경영'으로 유명하다. 가장 흥미진진한 이야깃거리는 '탱크로 콜라 캔을 으깬' 사건이다. 그는 1998년 버진콜라를 출시하면서 콜라의 본고장 미국을 겨냥했다. 뉴욕 타임스 스퀘어에서 영국 탱크가 코카콜라 간판에 한바탕 포격을 퍼붓는 퍼포먼스를 연출했다. 물론 실제로 포탄을 쏜 것은 아니다. 전날 밤 몰래 간판에서 연기가 나도록 장치를 해두었다고 한다. 포격을 퍼부은 탱크는 전진하면서 콜라 깡통을 깔아뭉갰다. 탱크에는 버진의 로고가 여기저기 붙어 있었고,

리처드 브랜슨은 양손을 활짝 벌리고 서 있었다. 연출된 퍼포먼스였지만 이를 모르는 행인들은 깜짝 놀랐다고 한다. 일부는 소리치며 도망치기도 했다. 몇 년 후 콜라 사업의 실패를 인정하고 시장에서 철수했지만, 이 이벤트 덕분에 버진 브랜드를 미국에 확실히 각인시키는 데 성공했다. 이처럼 리처드 브랜슨은 스스로 뉴스를 만들어내는 데 탁월한 경영자다.

경영자로서 비범한 자질은 사업 초기부터 드러났다. 그의 첫 사업은 열여섯 살에 시작한 〈스튜던트〉라는 잡지 발행이다. 다니던 고등학교를 때려치우고 잡지를 발간하기 시작했는데, 생각보다 잘 팔리지 않아서 곧 파산할 처지가 됐다. 잡지를 살리려면 어떻게 해야 할까? 브랜슨은 구매 대상층을 가만히 관찰하다가 흥미로운 현상을 발견했다. 그들은 잡지를 사기 위해서는 지갑을 열지 않지만 음반을 사는 데는 열심히 돈을 썼다. 그런데 그가 잡지를 창간한 1960년대 후반 영국에서는 음반을 할인 판매하는 곳이 없었다. 이에 착안해 브랜슨은 '잡지를 통해 음반을 싸게 구입할 수 있게 한다면 어떨까?'란 생각을 떠올린다. 곧바로 실행에 들어간 그는 잡지에 음반을 할인된 가격에 구입할 수 있는 우편 주문 광고를 실었다. 물론 광고에 게재된 음반은 미리 대량 구매해놓았다. 그래야 싸게 팔 수 있으니까. 예상대로 주문이 쏟아졌다. 이 성공은 이후 버진 레코드로 이어지면서 버진그룹 탄생의 밑바탕이 됐다.

버진그룹의 사업 확장 과정도 흥미롭다. 1970~1980년대의 음반 사업, 1980년대의 관광 및 항공 사업, 1980년대 후반부터 2000년대에 이르는 통신 사업과 글로벌화, 2000년대의 우주 왕복 사업과 미디어 사업, 그리고 최근 10여 년간의 호텔 및 헬스케어 사업. '문어발식 확장'이라는 말이 무색할 정도로 여러 종류의 사업에 발을 들였다. 그런데 놀랍게도 상당수 사업에서 성공을 거뒀다. 물론 성공한 괴짜 경영자는 많다. 그가 셀렌트로피스트 반열에 오른 이유는 따로 있다. 1980년대 말 그의 회고담을 들어보자.

여러 방면에서 능력을 발휘했다고 믿고 있던 나는 나이 마흔을 앞두고 극도의 슬럼프에 빠졌습니다. 마치 인생의 목적을 잃어버린 것 같았죠. 그리고 불현듯 나 자신만이 아니라 다른 이들에게 도움이 되는 일을 해야겠다는 생각을 하게 됐습니다.

사업이 무럭무럭 번창한다고 행복한 것은 아니다. 성공이 인생의 목표일 순 없다. 그걸 깨닫는 순간, 새로운 리처드 브랜슨이 탄생했다.

1990년 이라크가 쿠웨이트를 침공하자 쿠웨이트 난민 수십만 명이 인근 국가인 요르단으로 도피했다. 브랜슨은 친구인 요르단 국왕에게 무엇이 필요한지 물었고, 바로 다음 날 담요와 식료품, 의료품을 싣고 요르단으로 갔다. 스리랑카와 인도네시아에 쓰나미가 발생했을 때도 구호 활동을 펼쳤다. 이런 경험을 바탕으로 2004년 버진 유나이티드(Virgin united) 재단을 만들어 자선사업과 인류 및 지구의 문제를 해결하는 사업에도 손대고 있다.

2006년에는 향후 10년간 버진항공과 버진철도가 벌어들이는 순이익 전액을 지구 온난화를 해결하는 데 쓰기로 약속했다. 2007년에는 넬슨 만델라와 의기투합해서 디 엘더스(The Elders)라는 조직을 결성했다. 세계에서 가장 존경받는 원로들을 모아 구성된 국제 원로 자문 그룹이다.

국가가 해결하지 못하는 난제들을 해결하고 세계 평화와 안전, 복지를 증진시키는 것이 목적이다. 또한 러시아, 북한 등 다른 이들이 선뜻 방문하지 못하는 곳을 찾아다닌다. 기후 변화와 보편적 복지 등의 사안에도 목소리를 높이고 있다. 환경문제를 해결하는 데 앞장선 공로 덕분에 2008년 유엔으로부터 '올해의 시민'으로 선정되기도 했다.

괴짜 경영인이라는 별명답게 사회사업 또한 남들이 생각하지 못하는 것들을 시도했다. 2009년에는 호주 멜버른 교도소에서 재소자들과 하룻밤을 보냈다. 그는 "호주 감옥에서 만난 한 재소자가 돈 한 푼도 없이 교도소에서 나와 아무런 도움도 받을 수 없으면 결국 다시 범죄를 저지를 수밖에 없다고 말했다"며 "누구나 다시 한 번 기회를 얻을 자격이 있다"고 밝혔다.

이에 브랜슨은 화물 운송 회사인 톨(Toll)의 대표와 인상적인 미팅을 가졌다. 이 회사는 직원의 10퍼센트가 전과자인 것으로 유명한데, 큰 탈없이 잘 운영되고 있다는 사실에 주목했다. 전과자로선 또다시 잘못을 저지르면 영원히 사회와 격리될 수 있으니 이를 악물고 열심히 일할 수밖에 없었다. 이에 착안해 비영리 기관인 워킹챈스(Working chance)와 손잡고 173명의 여성 재소자를 버진그룹에 입사시킨 뒤 2년간 관찰했다. 재범률은 채 5퍼센트가 되지 않았다. 일반적으로 전과자의 3분의 2가 2년 내 다시 범죄를 저지른다는 통계에 비하면 크게 개선된 수치다. 이같은 결과를 소개하며 다른 기업들도 동참하기를 희망하는 호소문을 신문에 싣기도 했다.

2013년에는 세계 최초로 환경회계를 도입한 푸마(Puma) CEO 요헨 자이츠와 함께 B팀(The B Team)을 설립했다. 누구나 플랜 A는 갖고 있다. 현재의 계획을 의미한다. 만약 이 계획이 제대로 작동하지 않는다면? 그때 필요한 것이 플랜 B다. 현명한 사람이라면 당연히 플랜 B를 갖고 있다. 플랜 B는 장기적 관점에서의 기업 이익, 사회적·환경적 이익, 지속 가능성을 포괄한 전략을 수립하고 제공한다. 폴 폴먼 전 유니레버 회장 등이 B팀에 참여하고 있다.

브랜슨의 인생관은 명쾌하다.

나는 부자가 되기 위해 일하거나 의무감으로 족쇄를 채운 적이 없다. 어릴 적 크리스마스트리를 팔고, 잡지를 만들고, 열기구를 타고 세계일주를 하는 등 그 모든 일을 원해서 했으며 그런 만큼 마음껏 즐겼다. 재미를 느끼는 일에 즐겁게 미치다 보니 성공과 돈이 저절로 따라왔다. 일과 인생에 온 힘을 쏟고, 삶의 모든 순간을 즐겨라. 그러면 그 인생은 온전히 내 것이 된다.

다음 인사이트에서 살펴볼 H&M은 창업 2세와 창업 3세의 지향점이 달랐다. 2세는 경제적 이익, 3세는 지속가능 경영에 주목하고 이를 시대 정신으로 해석했다. 반면 브랜슨은 스스로 변신했다. 그가 원하는 삶이 바로 시대가 요구하는 방식이었다. 그래서 그는 더욱 유명해졌고, 더욱 사랑을 받았다. 그가 이끄는 버진 브랜드 또한 충성 고객이 늘었다.

시대의 목소리를 담아라

H&M

사업의 단점을 장점으로 바꾸다

#새옷 줄게 헌옷 다오 #순환경제

H&M은 '한 철만 입는 옷을 만든다'는 패스트패션 업계에 대한 비판을
순환경제 모델로 정면돌파했다.

가족경영의 대표사례로 불리던 H&M은 2020년 CEO 자리를 여성 전문 경영인에게 넘긴다는 깜짝 발표를 했다. 시대의 변화에 맞춰 거버넌스 구조까지 바꾼 H&M(H&M Hennes & Mauritz AB)은 어떤 회사일까? 자라(ZARA), 유니클로(Uniqlo)와 함께 패스트패션업계의 대표주자로 2019년 기준 매출액 249억 달러, 종업원 수 18만 명에 달하는 글로벌 기업이다. 전 세계 매장 수는 5000개에 달한다. 그간 H&M은 창업자, 창업자 아들, 창업자 손자로 이어지는 '가족경영'을 해왔다. 전문 경영인을 CEO 자리에 앉힌 게 2020년이 처음은 아니지만 내부에서 육성된 여성 인력이 CEO 자리에 올랐다는 점에서 관심을 끌었다.

H&M 매장이 우리나라에 처음 선보인 것은 2010년이지만, 이 회사의 시작은 1940년대까지 거슬러 올라간다. 제2차 세계대전이 막 끝난 1946년, 얼링 페르손은 뉴욕을 방문한다. 대형 백화점에서 옷을 산더미처럼 쌓아놓고 파는 모습을 목격한 그는 여기에 영감을 얻어 스웨덴 최초의 여성복 전문점을 시작한다. 1947년 스웨덴 중부 베스테로스라는 작은 마을에서 스웨덴어로 '그녀'라는 뜻을 가진 헤네스(Hennes)라는 브랜드숍을 선보인 것이다. 헤네스는 경쟁 업체보다 저렴하지만 도시적인 분위기의 옷을 주요 아이템으로 삼았다. 이 전략은 당시 급성장한 스웨덴의 경제 상황과 평등주의 분위기에 편승해서 대성공을 거둔다. 이후 1968년 사냥용품 회사인 마우리츠 위드포르스(Mauritz Widforss)를 인수해 사업 범위를 확장하고 1974년 스톡홀름 주식시장에 상장한다. 회사 이름을 H&M으로 바꾼 것도 이 무렵이다.

1982년 창업자의 아들인 스테판 페르손이 사업을 물려받는다. 국제화 전략과 함께 신디 크로퍼드, 나오미 캠벨 등 유명 모델을 활용한 공격적인 마케팅 전략이 힘을 발휘하며 글로벌 브랜드로의 성장 발판을 만들었다.

창업자의 손자인 칼 요한 페르손이 회사를 진두지휘한 것은 2009년부터다. 3대 경영자인 칼 요한 페르손은 수익 중심에서 벗어나 '돈 없는 사람도 누구나 가질 수 있는 옷이면서 동시에 '윤리적'이고 지속가능한 브랜드를 만든다'는 경영철학을 강조했다. 윤리적이란 개발도상국의 생산 공장에서 아동 노동, 임금 착취 같은 문제가 발생하지 않도록 관리한다는 뜻이다. '지속가능'이란 자원을 아끼고 환경을 보호하는 것을 일컫는다.

H&M은 왜 윤리와 지속가능을 중요 과제로 내세우게 된 걸까? 여기에는 패스트패션 산업의 어두운 그림자가 자리하고 있다. H&M 같은 패스트패션을 바라보는 시각에는 '저렴하다'는 긍정적 평가와 '한 철만 입고 버리는 소비 풍조를 조장한다'는 부정적 인식이 함께 존재한다. H&M은 부정적 이미지에서 벗어나기 위해 한 번 입고 난 의류를 재활용하자는 아이디어를 내놓았다. 이를 위해 2013년부터 '헌 옷 수거 프로그램'을 시작했다.

우리나라 매장의 예를 들어보자. 소비자가 쇼핑백에 버릴 옷을 담아가면 4만 원 이상 구매할 때마다 사용할 수 있는 5000원 할인 바우처를 제공한다. 꼭 H&M 상품이 아니어도 된다. 이를 통해 전 세계에서 수집된 헌 옷이 2019년 말 기준 5만 톤에 달한다.

사실 헌 옷을 수거해 할인 바우처를 제공하는 것은 대부분의 패스트패션 업체가 비슷비슷하게 실시하고 있는 캠페인이다. H&M의 다른 점은 수거된 옷을 어떻게 활용하느냐에 있다. H&M은 옷의 상태에 따라 재착용, 재사용, 재활용, 에너지원의 용도로 활용한다. 이를 패션의 폐쇄 순환(Close the Loop) 구조라 부른다.

구체적으로 살펴보자. 한 집안에 아이가 여럿 있으면 옷을 대물림해 입기라도 하지만 자녀가 하나인 집에서는 어쩔 수 없다. 그렇다고 친척 집에 주려니 괜히 눈치가 보인다. H&M은 누군가 다시 입을 수 있는 상태의 제품을 수거해서 전 세계 중고 시장에서 유통한다. 재착용이다. 내복을 입다가 구멍이 나면 걸레로 쓴 기억이 있을 것이다. 이처럼 착용 불가능한 옷감은 청소도구 등 다른 제품으로 개조한다. 재사용이다. 이마저도 힘들 정도로 낡은 옷이라면 원사로 재활용한다. 일부는 자동차 절연 소재로 활용한다. 이것도 곤란한 경우에는 에너지원으로 활용한다. 재활용이다.

이러한 활동을 순환 경제(circular economy)라고 말한다. 한 번 사용된 자원이 마지막 폐기 단계에서 버려지는 단선형 경제(linear economy)와 달리 기존 상품을 수리하고 재단장하고 재활용함으로써 버려지는 자원을 최소화하고, 나아가 지속적으로 사용할 수 있는 구조를 만드는 것이다. H&M은 경쟁 업체와 달리 달리 패션의 폐쇄순환 구조를 만드는 데 많은 노력을 기울이고 있다.

헌 옷을 수거하는 것으로도 매우 의미 있는 일이다. 하지만 페르손은 좀 더 괜찮은 아이디어를 찾고 싶었다. 그래서 나온 것이 글로벌 체인지 어워드(global change award)다. H&M은 2015년 가을부터 패션의 폐쇄순환 구조에 기여할 수 있는 아이디어를 공모하고 시상하는 대회를 개최하고 있다. 매년 개인 또는 팀이 수만 개의 아이디어를 제출한다. 이 아이디어 중 전문가 집단의 심사를 통해 최종적으로 5개를 선발해 시상하고 있다. 2016년부터는 선정작 중 가장 참신한 것을 고르는 소비자 온라인 투표를 실시하고 있는데, 매년 2만여 명 이상이 참여하고 있다. 1위로 선정된 아이디어에는 30만 유로의 상금을 지급한다.

수상하지 못하더라도 제시된 아이디어들은 그 자체만으로 훌륭한 것들이 많다. 대표적으로 '미생물을 활용한 폐기 폴리에스터 직물 재활용', '폐기물 업사이클링으로 생산 잔여물을 거래하는 온라인 마켓', '감귤류 주스 생산 과정 부산물을 활용한 새로운 직물 생산', '재생가능한 직물 생산을 위해 조류를 활용하는 수중 식물 재배'처럼 환경보호와 보전에 기여하면서도 상업적 가능성이 엿보이는 아이디어들은 글로벌 컨설팅 기업인 엑센추어(Accenture)에서 1년간 인큐베이팅 받을 기회를 제공한다. 아이디어만 좋으면 사업화로 연결될 수 있도록 돕고 있는 것이다.

H&M은 왜 수많은 컨설팅 기관 중 액센추어에 이 일을 맡긴 것일까? 2015년 엑센추어가 발간한 책 《쓰레기에서 부로(Waste to Wealth)》을 살펴보면 고개가 끄덕여진다. 이 책은 순환경제의 장점을 극대화하는 5가지 비즈니스 모델을 설명함으로써 환경과 기업 이익이라는 2마리 토끼를 동시에 잡는 방법을 소개했다.

하나씩 살펴보자. 첫 번째는 '제품의 서비스화'다. 미쉐린타이어(Michelin)는 더 이상 타이어를 판매하지 않는다. 그 대신 주행거리가 얼마인지 계산한 다음, 달린 거리만큼만 고객에게 요금을 받는다. 제품의 소유주는 미쉐린이기 때문에 타이어의 재활용, 재사용에 대한 의사결정을 손쉽게 할 수 있다.

두 번째는 '소유에서 공유로의 전환'이다. 1년을 기준으로 조사한 결과, 대부분의 자가용 차가 실제로 가동되는 시간은 5퍼센트에 불과했다.

95퍼센트의 시간 동안은 집이나 주차장에 세워져 있었다. 이런 낭비를 수익으로 만드는 것이 공유경제다. 자동차라면 우버(Uber), 집이라면 에어비앤비(Airbnb)가 좋은 예다. 특히 젊은층은 공유에 대해 열린 마음을 가지고 있다. 공유경제의 앞날을 밝게 보는 이유다.

세 번째는 '제품 수명의 연장'이다. 소비자가 더 이상 사용하지 않는 제품을 회수해서 수리, 개선해 새로운 가치를 부과한다. 컴퓨터 회사 델(Dell)은 소비자가 더 이상 사용하지 않는 컴퓨터를 구입해 다른 소비자의 니즈에 부합하는 일부 부품을 재판매하는 비즈니스 모델을 만들었다. 일본 가전양판점인 야마다전기(やまだ電気)는 중고 가전을 구입해서 수리한 뒤 재판매하는 중고 가전 사업을 키우고 있다. "필요한 기능만 쓸 수 있으면 저렴한 중고로 충분"하다는 소비자의 의식 변화가 이들 업체의 매출을 견인하고 있다. 실제로 중고제품 유통 사업은 신제품 유통보다 높은 수익률을 보이고 있다.

네 번째는 '회수와 리사이클'이다. 이전에는 사용 후 폐기물로 처리했으나, 이제는 만들 때부터 사용 후 어떻게 다른 용도로 활용할 것인가 고민하면서 만든다. P&G는 45개 생산시설에서 매립 쓰레기 제로화를 실현했다. GM은 과거에 폐기하던 자재 품목을 다시 제조 공정에 투입할 수 있도록 생산 공정을 변화시켰다. 전 세계 100여 개 공장에서 이러한 활동을 하다 보니 재생 자재 판매대금으로만 수억 달러를 벌어들이고 있다.

다섯 번째는 '재생형 공급망 구축'이다. 재생 가능한 원재료를 사용해 조달 비용을 줄이는 동시에 안정적인 조달이 가능하게 했다. 이케아(IKEA)는 태양광 패널을 점포에 설치해 전력 비용을 절감하면서 안정적으로 전력을 조달받고 있다. 영국 섬유 회사인 타미케어(Tamicare)는 생분해 가능한 의류를 3D프린터로 생산하고 있다.

같은 사물도 어떤 눈으로 보는가에 따라 골칫덩이가 되기도 하고 보물단지가 되기도 한다. 쓰레기를 비용으로 보던 시절에는 처리 비용을 줄이기 위해 몰래 버리는 게 다반사였다. 이로 인한 환경오염 관련 사건도 빈번히 발생했다. 그러나 액센추어는 쓰레기를 부의 원천이라는 새로운 시각으로 보자고 강조한다. 단선형 경제, 즉 '채취-생산-폐기'라는 사고를 버리고 '채취-생산-재활용'이라는 새로운 사고를 장착하면 쓰레기도 자산이 된다. 같은 물이라도 소가 마시면 우유가 되고 뱀이 마시면 독이 되는 것처럼 말이다. 계속된 노력으로 액센추어는 관련 분야의 전문가 집단으로 자리 잡는다. 그들의 호소가 H&M의 가슴을 두드린 것이다. H&M과의 협업은 그렇게 이루어졌다.

지속가능성, 순환경제에 많은 관심을 가져서일까? 칼 요한 페르손의 후임으로 2020년 깜짝 발탁된 헬레나 헬메르손 CEO의 경력이 이채롭다. 1990년대 말 입사한 그녀는 2006년 방글라데시의 수도 다카에서 근무했다. 그녀는 이곳에서 "H&M이 사업을 통해 낙후된 방글라데시에 어떻게 긍정적인 영향을 미치는지" 직접 눈으로 봤다. 이러한 경험으로 바탕으로 2010년 본사로 돌아와 사회적 책임 및 지속가능 경영의 전략 업무를 담당했다. 그러고는 지속가능 경영 부문 책임자, 생산 부문 글로벌 책임자, COO를 거쳐 CEO 자리에 오른다. 2009년부터 회사를 이끈 칼 요한 페르손이 워낙 지속가능 경영에 관심이 많았기 때문에 그녀의 업무 또한 다른 회사의 지속가능 경영보다 많은 지지를 받았을 것이라 추측할 수 있다.

H&M이 지속가능성, 환경에 집중한다고 해서 이익을 도외시하는 것은 아니다. H&M의 슬로건은 '패션과 품질을 가장 좋은 가격에(fashion and quality at the best price)'다. 좋은 가격을 실현하기 위해선 비용 절감이 무엇보다 중요하다. H&M은 자체 공장을 하나도 갖고 있지 않다. 중국, 튀르키예(터키) 등에 있는 700개 협력업체와 직거래해 싼값에 옷을 만든다. CEO라도 긴급업무가 아니면 해외 출장 때 비즈니스 클래스가 아니라 이코노미 클래스를 이용한다. 임원급이라도 비서가 없는 경우가 많다. 반면 매장은 세계 거대 도시 한복판의 1급지에 둔다. 미국의 뉴욕 5번가, 프랑스의 파리 샹젤리제, 일본의 도쿄 긴자, 한국의 서울 명동에 있는 매장 자체가 대형 광고판 같은 역할을 해낸다.

눈에 띄는 마케팅 활동도 소홀히 하지 않는다. H&M은 세계 패스트 패션업계 최초로 유명 디자이너, 연예인과 협업을 통해 특별기획 상품을 생산·판매했다. 명품 디자인을 저가에 제공해서 소비자의 호응이 컸다. 2004년 유명 패션디자이너 칼 라거펠트와 협업하면서 H&M의 매출은 24퍼센트나 증가했다. 이후 마돈나, 지미추, 베르사체와도 협업했다.

H&M은 순환경제를 중시해서 지속가능성을 놓치지 않으면서도 꾸준히 이익을 창출하고 있다. 재단을 통해 비영리 활동도 꾸준히 진행하고 있다. 시대가 경제적 이익을 원하면 그에 충실했고, 시대가 지속가능 경영을 원하면 그에 또한 충실했다. 그래서 H&M은 오래도록, 그리고 시간이 갈수록 사랑받는 브랜드로 자리 잡았다. 시대별 요구 사항이 뭔지 적절히 반영하면서 기업을 운영하는 H&M을 보며, 지금 우리 업종에는 어떤 요구 사항이 있는지 점검해보길 바란다.

남보다 먼저 치고 나가라
오스테드

Orsted

필요하면 이름도 바꾼다

#국영기업의 대변신 #석탄에서 풍력으로

석탄발전에서 풍력발전으로. 오스테드는 회사의 사명까지 바꾸며
남보다 앞서 비즈니스 모델 변신에 성공해 재생에너지 업계의 강자가 됐다.

'좌초자산(stranded asset)'이란 용어가 있다. 기존에는 쓸 만한 자산이었는데, 어느 틈엔가 쓸모없어져서 회사를 곤혹스럽게 만드는 자산을 말한다. 석탄, 석유가 대표적이다. 산업혁명 이후에는 석탄, 석유를 가진 나라가 부국으로 통했다. 그러나 앞으로는 달라질 것이다. 수요가 줄어들기 때문에 채굴되지 않고 남는 화석연료, 버려지거나 폐기되거나 포기되는 송유관과 해양 플랫폼 등이 모두 골칫거리가 될 것이다. 너무 앞서 나간 이야기 아니냐고? 엑슨 모빌(Exxon Mobil)의 위상 변화를 보면 아주 잘못된 말은 아닌 것 같다.

엑슨 모빌의 모태는 1870년 석유왕 록펠러가 설립한 스탠더드 오일(Standard Oil)이다. 스탠더드 오일은 1890년대 미국 석유 시장의 88퍼센트를 독점한 기업이었다. 그러다 1911년 반독점법에 의해 엑슨(Exxon), 셰브론(Chevron), 모빌(Mobil) 등 34개 독립 회사로 해체된다. 이후 석유업계에선 수많은 이합집산이 벌어지다가 1999년 엑슨이 모빌을 합병하면서 공룡 기업으로 재탄생한다. 2014년에는 시장가치 기준으로 전 세계 최고 기업으로 등극하기도 했다. 하지만 거기까지였다. 이후 주가가 하락하면서 시장가치가 덩달아 떨어졌고, 2020년 S&P지수와 다우지수에서 퇴출된다. 여러 이유가 있겠지만 끝까지 석유 사업만 고수한 게 주요 원인 중 하나다. 모든 석유 기업이 엑슨모빌 같은 운명을 맞은 것은 아니다. 비즈니스 모델을 변경해 승승장구한 기업도 있다. 덴마크의 오스테드(Ørsted)가 좋은 예다.

1970년대 초반, 오일쇼크가 발생하면서 덴마크는 자원 자립의 필요성을 절감했다. 이에 북해의 석유와 천연가스를 생산하는 회사 동(DONG)을 설립했다(DONG은 Danish Oil & Natural Gas를 의미한다). 2006년 해상 풍력발전 사업을 하는 엘삼(Elsam) 등 6개 회사와 합병해 동에너지(Dong Energy)로 이름을 바꾼다.

그러던 2009년 덴마크 코펜하겐에서 기후위기에 대한 국제적 대응을 모색하는 제15차 기후 변화 협약 행사가 열렸다. 이 회의는 안타깝게도 별 성과 없이 막을 내렸다. 버락 오바마 미국 대통령의 주도로 주요 28개 국 정상 및 대표가 코펜하겐 합의문(Copenhagen Accord)을 도출했지만, 개발도상국들이 의사결정 절차와 투명성 문제를 강력히 제기해 합의문을 채택하는 데 실패했다. 그저 '유의하다(take note)' 수준의 결론만 내렸을 뿐이다. 그렇지만 개최국 덴마크의 입장은 달랐다. 기후변화의 중요성을 절감한 덴마크 정부는 동에너지의 사업 구조를 바꾸기로 한다. 당시 동에너지는 석탄 화력발전 사업이 85퍼센트, 재생 가능 에너지 사업이 15퍼센트인 사업 구조를 가지고 있었는데, 이를 2040년까지 석탄 화력발전 15퍼센트, 재생 가능 에너지 85퍼센트의 구조로 바꾸겠다고 선언한 것이다. 2009년에 발표한 85/15 비전은 이렇게 탄생했다.

변화에 속도를 더할 기회는 2012년 찾아왔다. 천연가스 가격이 90퍼센트 하락하자, S&P가 동에너지의 신용등급을 하락시켰다. 위기의식을 느낀 동에너지 이사회는 레고(LEGO)의 전 임원인 헨리크 폴센을 CEO로 지명했다. 이 같은 상황에서 합류하는 CEO는 고용 감축 등 수비 위주로 회사를 경영하기 쉽다. 하지만 폴센은 달랐다. 위기를 근본적인 변화의 기회로 본 것이다. 그는 블랙(석탄, 석유 등 화석원료)에서 그린(풍력, 태양광 등 재생 가능 원료)으로의 전환을 선언했다.

우선 12개 사업부 중 블랙에 해당하는 8개를 걷어내기로 했다. 이를 위해 석유 및 가스 사업을 영국 석유 회사 이네오스(Ineos)에 매각하고,

사명을 오스테드로 변경했다(한국 법인 이름이 오스테드 코리아라서 본사 이름도 오스테드로 썼다. 실제 발음은 외르스테드에 가깝다). 과학에 관심 있는 사람이라면 한스 크리스티안 외르스테드라는 이름을 들어봤을 것이다. 그는 덴마크에서 가장 유명한 과학자이자 혁신가다. 호기심과 정열, 그리고 자연에 대한 뜨거운 관심으로 전자기를 발견해 발전(發電) 분야의 초석을 다진 인물이다.

오스테드는 한스 외르스테드의 마음가짐을 이어받아 발전 분야의 혁신가가 되고자 하는 의지를 표명하기 위해 만들어진 이름이다. 오스테드는 석유 및 천연가스 사업을 매각하는 데 그치지 않고 2023년까지 석탄 연료 사용을 전면 중단하고, 2025년부터는 거의 대부분의 전기를 녹색 에너지를 이용해 생산하기로 결정했다. 돈을 벌어오던 사업을 매각하거나 규모를 줄였으니 매출이 떨어질 것은 자명하다. 돌파구는 없을까? 새로운 비즈니스 모델로 해상 풍력발전을 선택했다. 그래서 이 분야는 육상 풍력발전에 비해 비용이 2배나 더 든다.

그러나 오스테드는 풍력발전 규모를 키우면서 동시에 비용을 낮추는 전략을 추진했다. 그 결과, 60퍼센트 이상의 비용 절감, 30억 달러 이상의 수익 증진에 성공했다. 현재 오스테드는 세계 최대의 해상 풍력발전 회사로 자리 잡았으며, 세계 시장점유율이 30퍼센트를 넘어섰다.

세월의 흐름에 따라 비즈니스 모델도 바뀌어야 한다. 비즈니스 모델이 바뀌면 그에 적합한 브랜드 리뉴얼 프로세스가 이어져야 한다. 애플도 2007년 아이폰에 집중하면서 회사 이름에서 컴퓨터를 떼어내지 않았는가. ESG 시대. 비즈니스 모델을 어떻게 바꿀 것인가. 어떤 브랜드 리뉴얼 전략을 가져갈 것인가. 오스테드의 결단을 되짚어볼 필요가 있다.

진정성의 힘
메소드

친환경+디자인+세정력

#향수병을 닮은 주방세제 #프리미엄 전략

메소드는 친환경 제품은 기능과 패키징이 떨어진다는 속설을 깬 브랜드다.
그들은 진정성을 무기로 공룡 기업들 사이에서 친환경 프리미엄 제품의 대명사가 됐다.

과거와 달리 친환경 제품의 인기가 나날이 높아지고 있다. 그러나 생산 원가가 비싼 까닭에 아직까지 친환경 제품은 프리미엄 시장 제품군이 많다. 그만큼 좁은 시장에서 경쟁해야 한다. 세제 분야에서 친환경 프리미엄 시장을 주도하는 브랜드가 있다. 바로 메소드(Method Products)다.

소비재 마케팅 분야에서 일하던 에릭 라이언과 카네기 연구소에서 환경 문제를 연구하던 애덤 로리는 다른 친구 3명과 한집에 살고 있었다. 혼자도 아니고 5명이 모여 살았으니 집 안을 청소하는 게 고역이었다. 특히 그들을 세정제가 마음에 들지 않았다. 세정력이 뛰어난 제품은 독성이 강해서 고무장갑을 껴야 했고 보관도 까다로웠다. 독성 없는 친환경 세제는 세정력이 약했다. 친환경이면서도 세정력이 뛰어난 제품을 만들 순 없을까? 라이언과 로리는 함께 고민하기 시작했다. 이것이 메소드의 시작이다.

내친김에 라이언과 로리는 2001년 회사를 설립했다. 그리고 집 근처 가게부터 하나하나 공략해 나갔다. 여기까지는 여느 신생 기업의 활동과 다를 바 없다. 메소드의 특별한 점은 그들이 제품력 못지않게 제품 디자인을 중시했다는 점이다. 메소드의 꽃병 모양 용기는 디자인이 매혹적이다. 기존 세정제 사업에서는 기업도, 소비자도 디자인에는 큰 관심이 없었다. 다 고만고만한 디자인에 세정력도 비슷했다. 가격이 얼마나 낮은지, 어느 정도 할인해주는지가 구매 의사를 결정하는 데 핵심 요소였다. 메소드는 접근법이 달랐다. 집에 찾아온 손님에게 자랑할 만큼 뛰어난 디자인을 무기로 내세웠다. 그러다 보니 사람들은 메소드가 세정제임에도 불구하고 수납장 안쪽이 아니라 주방 앞자리, 화장실 벽면 등 눈에 잘 띄는 곳에 놓곤 했다.

메소드의 제품 디자인은 누구의 손을 거친 것일까? 놀랍게도 세계 3대 산업 디자이너 중 한 사람으로 꼽히는 카림 라시드의 작품이다. 예술 작품에 버금갈 만한 디자인을 원했던 라이언과 로리는 창업 초기 무작정 카림 라시드에게 이메일을 보냈다.

> 저희는 기존 세제보다 효능이 뛰어난 순식물성 세제를 개발했습니다. 그렇다면 포장 용기 또한 기존 세제보다 뛰어나야 할 텐데, 우린 그런 것을 만들어낼 능력이 없습니다. 당신의 도움이 필요합니다. 하지만 비용을 지불할 형편이 안 됩니다. 대신 세제의 수익을 공유하는 건 어떨까요?

라시드는 디자인을 맡겠다고 회신했다.

메소드는 2002년 첫 제품을 출시했다. 우선 샌프란시스코와 시카고에 있는 타깃(Target) 매장 2곳에서 시범 판매를 시작했다. 고객들은 친환경이나 세정력보다 라시드의 독특한 제품 디자인에 매료돼 제품을 장바구니에 담았다. 7개월 동안의 시범 판매는 성공적이었다. 타깃은 미국 전 매장에서 메소드 제품을 판매하기로 했다.

메소드 제품은 향기도 중시한다. 라이언은 "어느 날 스내플(Snapple) 뚜껑을 여는 순간 '파인솔(Pine Sol)에서도 이런 냄새가 나면 안 되나?'라는 생각이 들었다"고 했다. 스내플은 청량음료 브랜드고 파인솔은 다목적 세정제 브랜드다. 이 문장을 우리가 알 만한 사례로 바꾸면 "환타 뚜껑을 여는 순간, '유한락스에서도 이런 냄새가 나면 좋지 않을까?'라고 생각했다"라고 할 수 있다. 물론, "세척용품에서도 좋은 냄새가 나면 좋지 않을까?" 정도로 표현해도 의미는 전달된다. 그렇지만 사람들의 머릿속에는 남지 않는다. 스내플을 언급하고 파인솔이란 단어를 말하면 소비자의 뇌는 활성화되고 기억 촉수는 강하게 작동한다.

1980년대 친환경 메시지의 핵심은 '지구가 아프다'였다. 일부 의식 있는 사람들은 이 운동 대열에 동참했지만 대다수는 외면했다. 자기 일로 와닿지 않았던 것이다. 그래서인지 오늘날 친환경 운동의 메시지는 '내 몸에 나빠요'로 바뀌었다. 실제로 그렇지 않은가? 집 화장실을 청소할 때 사용하는 세정제를 보자. 사용설명서를 보면 매우 독하니 물에 희석해서 사용하라고 적혀 있다. 희석하더라도 반드시 고무장갑을 착용하고 혹시 청소용 솔에 묻은 액체가 몸에 튈까 봐 여간 조심스러운 게 아니다. 그런데 메소드는 그럴 필요가 없다. 소비자의 몸에 해롭지 않다. 심지어 먹어도 된다.

실제로 판매 초기에 이런 일이 있었다. 라이언은 여성 고객에게 전화를 받았다. 제품 포장에 적힌 번호를 보고 전화를 건 것이다. 그녀는 "아들이 메소드 욕실 청소 세제를 마셨다"며 울먹였다. 이 여성은 다른 전화로 독극물 관리 센터와도 통화하는 중이라고 했다. 그녀는 라이언에게 "세제에 어떤 원료가 첨가돼 있느냐"고 다급히 물었다. 라이언은 침착하고 부드럽게 답변했다. "진정하세요. 아드님에게 물 한 잔만 먹이세요. 해가 되는 것은 아무것도 없습니다." 여성은 전화를 끊었고, 다시는 전화가 오지 않았다.

라이언은 이 사건에 대해 이렇게 이야기했다. "정말 다행이라고 생각했고, 뿌듯하기도 했어요. 우리 제품은 코코넛 오일을 비롯해 천연 원료만 사용하기 때문에 먹어도 문제가 없거든요."

메소드는 미국에서 진정성(authenticity) 있는 브랜드로 통한다. 진정성은 대량 맞춤화, 경험경제로 유명한 제임스 길모어와 조지프 파인이 2007년 소개하면서 관심을 끌었다. 우리나라에서는 2012년을 전후해 각종 트렌드 책자에 이 개념이 등장하기 시작했다. 진정성은 쉽게 말해 "좋으면 좋다, 부족하면 부족하다"고 솔직히 말하는 것이다. 진정성은 광고보다 사용경험을 중시하고, 사용자의 입소문을 통해 제품 이미지를 구축한다. 메소드는 솔직히 말했다. 결코 과장하지 않았다. 듣는 사람의 고개를 끄덕이게 만들었다. 한 번 들으면 귀에 꽂히고, 내 코앞에서 일이 벌어지는 것처럼 눈에 선했다. 그러면서 메소드 제품에 대한 강한 신뢰가 생겨났다. 메소드는 제품 출시 초기부터 유니레버, P&G 등 소비재 분야의 거인들 사이에서 독자적인 영역을 구축했다. 비결이 무엇일까?

첫째, 콘셉트가 분명한 제품 경쟁력이다. 제품 자체가 친환경이면서 세정력이 뛰어났다. 둘 중 하나만 빠져도 '앙꼬 없는 찐빵'이나 다름없다. 친환경이란 콘셉트는 21세기 기업이 지향하는 바와 맞아떨어졌고, 뛰어난 세정력에 고급스러운 향이 더해지면서 메소드만의 강력한 경쟁력을 보유하게 됐다.

둘째, 진정성 있는 마케팅도 큰 힘이 됐다. 두 창업자는 제품의 기능을 강조하기보다는 초기부터 앞에서 소개한 자사 제품을 먹은 아이의 에피소드 등을 홍보의 소재로 삼아 소비자의 마음을 사로잡았다. 환경 관련 인증도 빼놓지 않고 받았다. 2007년에는 사회적 책임을 다하는 기업에 인증해주는 B코퍼레이션 기업이 됐고, 2008년에는 제품 용기를 100퍼센트 재활용하기 시작했다. 2009년에는 원료뿐만 아니라 제품의 설계와 제조 과정에서도 지속가능성을 제대로 실천하고 있는지 검증받는 '

요람에서 요람으로(cradle to cradle)' 인증도 받았다.

2012년 두 창업자는 메소드를 친환경 청소 관련 용품 기업인 에커버 (Ecover)에 넘겼다. 미국에서는 스타트업이 대형 기업에 인수합병되는 것이 하나의 성공 방정식이다. 2017년 S.C.존슨이 에커버를 인수하면서, 메소드는 S.C.존슨의 자회사가 된다.

기업을 판매한 이후 라이언과 로리는 서로 다른 길을 갔다. 라이언은 2014년 올리 뉴트리션(OLLY Nutrition)이란 회사를 설립했다. 이 회사는 젤리형 비타민제 및 건강 보조제로 유명하다. 약병 디자인도 귀엽다. 라이언은 제품 포장 디자인만 봐도 구매 의욕을 불러일으키는 재주를 지녔다. 이 회사의 철학은 '즐겁고 간편한 영양 섭취를 가능하게 하자'인데, 유니레버는 이 철학이 마음에 들었다. 그래서 2019년 올리를 인수합병하고 라이언을 최고성장책임자(Chief Growing Officer)로 임명했다.

라이언은 2019년부터 세 번째 사업인 웰리(welly)에 도전하고 있다. 웰리는 프리미엄 밴드를 지향한다. 우리나라로 치면 대일밴드 같은 제품인데, 독특한 디자인이 특징이다. 특히 밴드가 담겨 있는 케이스 디자인이 마음에 들어 구매했다는 사람들도 꽤 있다.

로리는 2014년 리플푸드(Ripple Foods)를 설립했다. 노란색 완두콩으로 우유를 만드는 벤처기업이다. 콩, 아몬드 등을 활용한 식물성 우유 시장은 이미 존재했다. 그러나 두유는 백색 찌꺼기가 남는다는 단점이 있는데다 원료가 되는 콩은 유전자 조작의 위험이 있다. 아몬드 우유는 우유나 두유 칼로리의 3분의 1 정도에 콜레스테롤이 적다는 장점이 있으나, 단백질이 부족하고 제조 과정에서 물이 대량 필요하다. 리플푸드는 노란색 완두콩을 활용해 기존 식물성 우유보다 맛은 뛰어나고 물은 적게 쓰는 제품을 만들고 있다.

기업은 생물이다. 경영 환경의 영향을 받고, 리더의 역량도 중요하다. 메소드는 적절한 시기에 적절한 아이디어로 성공을 거뒀다. 시기적으로 너무 앞섰다거나 디자인이 별로였다면 성공하지 못했을 것이다. 마케팅에 자신 있는 라이언은 이후 '뛰어난 디자인 발상력'을 기반으로 성공을 거듭해 나갔다. 환경 문제에 정통한 로리는 이후 기후변화를 고려한 미래 시장에 뛰어들었다. 각자 적성에 맞는 일을 하고 있는 셈이다.

지금은 각자 자기의 길을 가고 있지만, 출발점은 같았다. 친환경에 의기투합한 것이다. 그렇지만 소비자에게 '친환경 제품이니 구매해달라'고 호소하지 않았다. 제품 디자인에 승부수를 걸었다. 디자인이 뛰어나니 프리미엄 브랜드로 포지셔닝하기 쉬웠다. 여기에 '친환경' 콘셉트가 더해지니 그들만의 시장을 창출할 수 있었다.

친환경 제품은 원가가 높기 마련이다. 당연히 가격 면에서는 제품 경쟁력을 얻기 어렵다. 그보다는 제품 콘셉트와 디자인, 브랜딩에서 프리미엄을 지향하는 편이 현명하다. 여기에 성공하면 소비자의 가격 저항이 낮아진다. ESG 요소를 도입하려는 기업에 메소드는 좋은 마케팅 성공 사례가 되어줄 것이다.

60세 이상만 채용합니다

가토제작소

보여주기 식은 하지 않는다

#노인 직원 환영 #지역 기업의 발상 전환

"의욕있는 분을 모십니다. 단 60세 이상"

ESG 중 'S'의 핵심 키워드로 DEI(Diversity, Equity and Inclusion), 즉 직장 내 다양성, 형평성, 포용성이라는 가치가 있다. 인종, 성별, 학력, 국적, 문화, 종교, 세대, 성 소수성의 차이에 따라 차별받지 않고 다름 그 자체가 존중되는 일터 문화를 추구해 나가자는 것이다. 여기서 '세대'에 주목해보자. 2022년을 기준으로 베이비부머 세대인데 아직 직장 생활을 한다면? 천운(天運)이다. 대부분의 베이비부머 세대는 이미 은퇴했거나 곧 할 것이다. 그런데 이들을 계속 은퇴 상태로 두는 것이 바람직한 일일까? 100세 시대가 온다는데, 50대 초중반에 은퇴한 후 40년 이상을 그냥 살아야 하는 걸까?

20여 년 전부터 고령자 채용을 실천해온 기업이 있다. 바로 가토제작소(加藤製作所)다. 가토제작소는 창업자 가족이 4대째 운영하고 있는 종업원 115명, 매출액 15억 엔 규모의 중소기업이다. 1888년 쟁기 등 농기구를 생산한 것이 사업의 출발점이었다. 오늘날에는 자동차와 항공기, 가전제품 등에 쓰이는 금속 부품을 생산하고 있다. 미쓰비시중공업(三菱重工業)의 협력업체라고 하니 기본 실력은 충분히 갖춘 것으로 보인다. 본사와 공장은 일본 중부지방 기후현 나카쓰가와라는 시골 도시에 위치해 있다.

이 회사가 유명세를 탄 것은 2001년으로 거슬러 올라간다. 당시 일본은 '잃어버린 10년'의 터널을 막 벗어나던 시점이다. 여전히 경제는 회복되지 않았고, 특히 지역 중소기업은 어려운 환경에 놓여 있었다. 사정이 안 좋기는 가토제작소도 마찬가지였다. '납품 단가는 더욱 낮게, 납기는 더욱 짧게'를 요구하는 거래선이 늘어났다. 거래처의 요구를 맞추려면 '주 7일 라인'을 가동해야 할 판이었다. 하지만 한 사람이 일주일

내내 근무할 수는 없는 것 아닌가? 새로 사람을 채용해야 했지만, 지역 젊은이들은 일자리를 찾아 대도시로 떠난 상황이었다.

창업자의 증손자인 가토 게이지 대표는 고용에 대한 사고의 틀을 깨기로 했다. 꼭 일본인이어야 하나? 꼭 남성이어야 하나? 꼭 젊은이여야 하나? 그러면서 외국인, 여성, 장애인을 고용하기 시작했고 이는 고령층(노인) 채용으로 이어졌다. 마침 가토 대표는 '나카쓰가와의 노인 인구 중 절반이 미취업 상태로, 그중 17퍼센트가 취업을 희망한다'는 연구 결과를 접했다. 즉시 신문에 구인 전단을 끼워 배포했다.

의욕 있는 사람을 구합니다. 남녀 불문. 경력 불문. 단, 나이 제한 있음. 60세 이상인 분만.

흥미로운 문구다. 나이 제한을 두는데 상한선이 아닌 하한선을 둔 것이다! 전단을 보고 100여 명이 지원했고 이 중 15명을 채용했다.

고령 직원 고용의 핵심은 '주 28시간 이하 근무'다. 일본 근로법상 정규 근로시간(40시간)의 3분의 2 이상 일하면 정부에서 나오는 노령연금을 받을 수 없다. 연금 액수는 우리 돈으로 월평균 120만 원가량. 이 회사가 고령 직원들에게 지급하는 시급은 800~900엔이다. 한 달에 112시간(28시간×4주) 일하면 9만~10만 엔 정도 추가 수입이 발생한다. 연금에 버금가는 아주 매력적인 금액이다.

모든 일이 그렇듯 처음에는 어려움이 따랐다. 항상 '벤치마킹', '선진 사례'만 찾는 사람에 최초의 시도는 위험한 도전으로 여겨진다. 당장 기존 직원을 설득하는 일이 만만치 않았다. 가토 사장은 직원들에게 "여러분이 안심하고 근무할 수 있는 회사를 만들고 싶습니다. 여러분도 정년 이후에 계속 일해주십시오. 고령층 직원의 도움으로 낮은 비용과 짧은 납기를 실현할 수 있었습니다. 매출 향상의 이익은 여러분에게 돌아갈 겁니다"라고 설득했다.

그러나 기존 젊은 세대 직원들은 같은 직장에 고령층 직원이 근무한다는 것만으로도 불편해했다. 실제로 작업 속도 측면에서도 젊은층과 차이가 있었다. 작업 속도보다 더 큰 문제는 학습 속도였다. 특히 작업 절차상 영어를 사용해야 할 때가 있는데 이를 교육시키는 게 쉽지 않았다. 예를 들어 "멍키(멍키스패너) 가져오세요"란 말에는 "원숭이 말인가요?"라고 되묻기도 했다. 이런 실수 때문에 회사를 떠나는 고령층 직원도 있었다.

이런 혼란을 해결하기 위해서 주중에는 젊은 직원들 위주로 팀을 꾸려 일하고, 주말과 공휴일에는 고령층과 젊은층이 함께 작업했다. 초창기의 혼란은 시간이 지나면서 가라앉았다. 이제는 외모만 봐서는 누가 고령층이고 누가 젊은층인지 알 수 없을 정도라고 한다. 그만큼 팀이 활기를 띠고 있다.

이런 노력 끝에 가토제작소는 2002년 전국 고령자 고용 개발 콘테스트에서 후생노동대신상 최우수상을 수상하면서 전국적인 유명세를 타게 된다. 2011년에는 일본 필랜드로피협회로부터 인재 하모니상을 수상하고, 2012년에는 '의욕있는 사람을 찾습니다. 단 60세 이상'이란 제목으로 책이 발간됐다. 2014년에는 경제산업성이 매년 선정하는 '다이버시티 경영 기업 백선'에 기후현 기업 가운데 최초로 선정됐다.

오늘날 가토제작소에서 60대는 젊은이로 통한다. 80대 직원도 있다.

전체 직원 92명 중 시니어 직원은 43명이다(2022년 2월 기준). 2018년 장기 근속자 시상식에선 근속 60주년 1명, 근속 50주년 5명이 각각 상을 받았다. 우리에겐 아직 꿈 같은 일이다.

고령층을 고용하면 3가지 이익이 있다. 첫째, 고령층 자신에게 도움이 된다. 자립하고 건강을 돌볼 수 있다. 둘째, 기업에도 도움이 된다. 가토 제작소의 경우처럼 주말에 일손이 필요할 때 비교적 낮은 비용으로 노동력을 공급할 수 있다. 기술을 보유한 고령층은 젊은 기술자를 육성하는 데도 기여한다. 셋째, 지역사회에 도움이 된다. 은퇴하고 나면 일하고 싶어도 일할 곳이 없다. 이런 현실에서 고용의 장을 제공하는 것은 지역사회에 큰 도움이 된다.

ESG 경영에 있어 형평성은 매우 중요하다. 하지만 형평성이 '이사회 내 여성 이사의 비율' 같이 보여주기에 치우쳐선 안 된다. 개별 기업의 사정에 맞게 경영에 도움이 되는 방향을 찾아야 한다. 그것이 ESG에서 강조하는 'S'의 진짜 목적이다. 이를 실천하는 기업, 그리고 그 기업을 대표하는 브랜드는 오랫동안 사랑받는다.

구조조정에 몰두하다 자멸한 스콧 페이퍼

1960년대 말 생활용품업계의 거인 P&G는 종이 기저귀 등 종이 소비재 산업에 진출했다. 업계 1위였던 스콧 페이퍼는 저항할 생각조차 없이 바로 구조조정에 들어갔다. 그러나 우왕좌왕하다가 경쟁자에게 흡수되어 제품 브랜드만 남고 기업은 사라졌다. 한때 업계 선두였던 기업은 왜 무너졌을까?

1879년 스콧 형제는 스콧 페이퍼(Scott Paper)를 설립했다. 스콧 페이퍼는 전 세계 최초로 두루마리 화장지를 생산하면서 이 분야에서 나름 명성을 쌓아갔다. 비슷한 시기에 탄생한 킴벌리 클라크(Kimberly Clark)는 제지 공장 운영에 주력했기에 서로 경쟁 관계는 아니었다. 1961년까지만 해도 스콧 페이퍼는 냅킨, 화장지 등 종이 기반의 소비재 제품 시장을 주도하는 성공한 기업이었다.

시간이 흘러 1960년대 말 거인 P&G가 종이를 소재로 한 소비재 산업에 진출했다. 스콧 페이퍼는 굳이 P&G와 경쟁하려 하지 않았다. 어느 분석가는 당시 스콧 페이퍼의 회의 분위기를 다음과 같이 묘사했다. "그것은 지금까지 내가 참석했던 회의 중 가장 침울한 회의였습니다. 경영진이 사실상 백기 투항한 것이죠. '어떻게 최고와 맞서겠어?' 하더니 '우리보다 사정이 나쁜 회사도 있는데 뭐'라며 한숨 짓더라고요." 이길 수 있다고 생각하고 싸워도 이길까 말까 한 상황에서 이기기 힘들다고 생각하면 100퍼센트 지게 마련이다.

1960년대 초반 종이기반 소비재 시장의 50퍼센트를 점유했던 스콧 페이퍼는 1970년대 초반 시장점유율이 30퍼센트로 떨어졌다. 이러한 추세는 계속됐다. 혼수상태에 빠진 회사에 충격요법을 가하기 위해 1981년부터 1988년까지 대대적인 개혁 조치를 취했다. 임금에서 성과급 비중을 높이고 수백 명의 관리자를 은퇴시키며 새로운 기운을 불어넣었다. 전략 컨설턴트들의 도움을 받아 회사의 목표와 전략을 점검했다. 새로운 시도를 할 때마다 성과가 좋아지는 듯했지만 오래가지 않았다. 등락을 거듭하던 수익은 중장기적으로는 계속 하락하고 있었다.

사람을 내보내려면 퇴직금 외에 어느 정도 얹어주어야 하는 것처럼 구조조정에도 비용이 들어간다. 1990년 1억 6700만 달러, 1991년 2억 4900만 달러, 1994년 상반기에만 4억 9천만 달러 등 10억 달러에 달하는 비용이 구조조정에 들어갔다. 그 과정에서 스콧 페이퍼의 회사채 등급은 정크본드 바로 직전까지 떨어졌다.

'람보'라는 별명의 앨 던랩을 CEO로 영입한 것은 그때였다. 업계 사람들은 이 뉴스를 보면서 '조만간 스콧 페이퍼가 없어지겠구나'라고 생각했다. 던랩은 구조조정 전문가로 그가 명성을 쌓기 시작한 것은 1983년 빚더미에 앉은 릴리 튤립 컵(Lily Tulip Cup) CEO로 취임하면서부터다. 그는 공장을 폐쇄하고 본사 직원을 대폭 줄였다. 그 결과, 비용은 절감되고 기업가치는 올랐다. 그러자 다른 회사에 구조조정한 회사를 팔았다. 이것이 그의 비즈니스 모델이자 특기였다. 같은 방법으로 콘솔리데이티드 프레스 홀딩스

(Consolidated Press Holdings)도 살려냈다. 스콧 페이퍼라고 예외일 리 없었다.

던랩은 스콧 페이퍼에서 603일 동안 근무했다. 그 기간 고위 임원 71퍼센트를 포함해 1만 1,000명을 해고했다. 전체 직원의 41퍼센트를 해고한 것이다. R&D 예산도 절반으로 줄였다. 인건비가 줄고, 비용이 줄었으니 그만큼 손실이 줄고 이익이 늘어날 수 밖에 없었다. 좋아진 회계장부를 기반으로 던랩은 스콧 페이퍼를 킴벌리 클라크에 90억 달러에 넘겼다. 그리고 이에 대한 대가로 1억 달러를 챙겼다. 하루에 16만 5,000달러씩 번 셈이다.

킴벌리 클라크에는 그간 어떤 일이 있었을까? P&G가 종이 소비재 산업에 뛰어들 무렵, 자신들도 이 시장에 뛰어들겠다고 선언했다. 이 선언을 주도한 인물은 당시 킴벌리 클라크를 이끌었던 다윈 스미스다. 그가 CEO직에 오른 1971년만 해도 킴벌리 클라크는 케케묵은 제지회사에 불과했다. 스미스는 1991년까지 20년간 CEO로 재직하면서 낡아빠진 회사를 탁월한 회사로 변신시켰다. 경쟁 기업인 P&G, 스콧 페이퍼를 가볍게 누른것은 물론이고 당대 최고 기업인 코카콜라, HP, 3M, GE를 앞서는 탁월한 실적을 보였다. 스미스는 CEO에 취임한 후, 전통적인 핵심 사업, 즉 코팅한 종이가 별 볼 일 없어질 운명에 처했다고 결론을 내렸다. 경제성도 나빴고, 경쟁력도 약했다. 그러나 종이 소비재 시장, 즉 P&G가 매력을 느낀 시장은 성장성이 어마어마하다고 봤다. 하지만 이 시장에 뛰어들면 P&G와 한판 승부를 피할 수 없었다. 서서히 죽어갈 것인가, 아니면 도약이냐 멸망이냐의 외길로 갈 것인가를 선택해야 했다.

고민 끝에 배수진을 치기로 결심한 그는 한 내부 모임에서 다음과 같이 말문을 열었다. "자, 이제 모두 일어나서 묵념의 시간을 가졌으면 합니다." 모두들 스미스가 무슨 말을 하는 건지 의아해하며 주위를 두리번거렸다. 누가 죽기라도 했나? 잠시 당혹스러운 순간이 지난 뒤, 모두들 일어나서 고개를 숙였다. 경건한 침묵의 시간이 흐른 후, 스미스는 참석자들을 돌아보며 이렇게 말했다. "이상은 P&G를 위한 묵념의 시간이었습니다."

참석자들은 모두 짜릿한 흥분감을 느꼈다. 이 분위기는 순식간에 회사 구석구석에 전달됐다. 종업원 모두가 골리앗을 무찌르겠다는 다윗의 전사로 변신한 것이다. 스미스는 제지 공장을 모두 팔겠다는 결정을 공표했다. 그러고는 하기스(Huggies), 크리넥스(Kleenex) 같은 브랜드에 투자하며 모든 역량을 소비재 사업에 쏟아부었다. 비즈니스 매체들은 이 조치를 어리석다고 평했고, 월스트리트 분석가들은 주식을 평가절하했다. 하지만 25년 뒤, 킴벌리 클라크는 스콧 페이퍼를 완전히 소유했고, 8개 제품 카테고리 중 6개 부문에서 P&G를 앞질렀다.

참고문헌 : 《위대한 기업은 다 어디로 갔을까(How the mighty fall)》, 짐 콜린스

3부

일관성,

파도가 칠수록

초심을

일관성(Consistency)은 종적 일관성과 횡적 일관성으로 나눌 수 있다. 종적 일관성은 시간의 흐름에 따른 일관성이다. 제약 회사 **머크는** '공중보건'이란 상위 목표와 '투자자의 이익'이라는 하위 목표가 충돌하는 경험을 했다. 그러나 이것저것 재거나 망설이지 않고 머크의 첫 마음을 따랐다. 머크는 브랜드 일관성을 유지하며 존경받는 기업이자 동시에 높은 수익률을 올리는 회사가 됐다. 이에 비해 **스타벅스는** 한때 초심을 잃었다. 스타벅스를 유수의 브랜드 대열에 올려놓은 하워드 슐츠의 정신을 잃은 것이다. 결국 주가는 반토막 났고 슐츠가 재등판하고나서야 이를 수습할 수 있었다.

벤앤제리스는 브랜드 일관성이란 측면에서 꼼꼼히 살펴볼 필요가 있는 기업이다. 중소 규모의 기업이 큰 기업에 인수합병당하면 브랜드 정체성을 잃는 경우가 많다. 하지만 벤앤제리스는 고유의 기업 문화를 지키며 여전히 사랑받는 브랜드로 남아 있다. 그 비결이 무엇일까?

다음은 횡적 일관성이다. 브랜드 터치 포인트마다 일관된 목소리를 내는 것이 중요하다. 대표적인 사례로 **알버트 하인**을 소개한다. 우리에게 생소한 이 기업은 식품 폐기물 감소라는 목적을 이루기 위해 몇 달간만 운영하는 팝업스토어 형식의 레스토랑을 만들었고, 오랜 노력 끝에 이를 하나의 사업으로 독립시켰다. 그 과정을 살펴보면 한 방향을 지향하는 일관성이 기업을 어떻게 변모시키는지 배울 수 있다.

　오늘날 사회 공헌과 관련해서는 두말할 필요 없이 브랜드 일관성 전략이 중요하다. 대표적인 예로 얼핏 연결점이 없어 보이는 **도쿄가스**의 요리 교실 프로젝트를 소개한다.

INSIGHT 8

옳다고 믿는 일을 하라
머크

약을 공짜로 드립니다

#눈먼 자들을 위한 약속 #로이 바렐로스

머크 본사에 있는 '시력이라는 선물' 동상

뉴저지에 있는 머크(Merck) 본사를 찾아가면 동상 〈시력이라는 선물 (gift of sight)〉이 방문객을 맞이한다. 어린아이가 맹인을 이끌고 어딘가 가는 장면을 옮겨놓은 작품이다. 도대체 이 동상이 머크 본사에 있는 이유는 무엇일까? 사연은 1970년대로 거슬러 올라간다.

1978년 머크의 연구원 윌리엄 캠벨 박사는 가축의 기생충 감염을 치료하기 위해 개발한 이버맥틴(Ivermectin)이 사람이 감염되는 회선사상충을 치료할 수 있다는 사실을 알아냈다. 회선사상충은 강둑을 따라 번식하는 흑파리로부터 전파되는 끔찍한 기생충이다. 흑파리가 사람을 물면 사상충 유충이 몸속에 들어와 피부 밑에 살면서 몇 년 만에 60cm에 달하는 성충으로 자란다. 이 애벌레들이 일으키는 가려움증이 얼마나 심한지 어떤 환자는 고통을 참지 못하고 자살을 택하기도 한다. 유충이 눈에 침입하면 실명할 수도 있다. 그래서 이 병을 일명 리버 블라인드니스 (river blindness, 강변 실명증)라고 부르기도 한다.

만약 열다섯 살 때 회선사상충에 감염되면 서른 살이 못 되어 눈이 멀게 된다. 그래서 아프리카 일부 지역에서는 서른 살이 되면 눈이 머는 게 당연하다고 여겼다. 앞서 설명한 동상의 모습, 즉 어린아이가 어른의 손을 이끌고 일터로 안내하는 장면이 일상적이었던 것이다. 그럼 강변에 가지 않으면 되지 않는가? 안타깝게도 토양이 비옥하고 물이 풍부한 강둑은 지역 주민들에게 삶의 터전이다. 감염을 피해 강둑을 떠나면 식량을 얻을 수 없다. 눈이 멀거나 굶어 죽거나 둘 중 하나를 선택해야 했다.

머크는 여러 번의 실험을 거쳐 1987년 회선사상충을 없애는 멕티잔 (Mectizan)을 개발했다. 하지만 경제성이 발목을 잡았다. 아프리카에 유통 채널을 구축하는 데 200만 달러, 생산 비용으로 연간 2000만 달러가 필요했다. 강변 실명증에 시달리는 서아프리카 국가들은 세계 최빈국들이다. 진흙으로 엮은 오두막집에서 풀로 짠 치마를 입고 사는 사람들이 멕티잔을 살 돈이 있을 리 없었다. 빚더미에 앉은 정부도 의지가 없었다.

당시 머크 CEO였던 로이 바젤로스는 세계보건기구에 자금 지원을 요청했지만 거절당했다. 미국 국제개발처와 국무부에도 간청했지만, 대답은 같았다. 자금이 필요했던 로이는 결국 최후의 카드를 꺼내 들었다. 머크가 직접 자금을 집행하기로 한 것이다. 1987년 10월 21일 로이는 이렇게 발표했다.

머크는 멕티잔을 전 세계 모든 사람에게 무상으로 제공합니다.

그리고 유니세프 등 여러 기관과 함께 '멕티잔 기부 프로그램(Mectizan Donation Program, MDP)'을 시작했다. '약을 무상으로 기부한다'는 것은 제약 회사에 말도 안 되는 일이다. 프로그램을 운영하는 데 엄청난 비용이 소요되지만 이윤은 없다. 기업은 자선단체가 아니다. 투자자들이 가만히 있을 리 없다. 주식을 처분하거나, 이사회를 압박해서 바젤로스를 해임할 만한 사항이었다. 하지만 그에게는 어려운 결정이 아니었다. 이윤보다는 과학을 활용해 사회에 기여하고자 하는 열망이 있었기 때문이다.

잠시 바젤로스에 대해 알아보자. 그리스 이민자의 아들로 태어난 그는 가족이 운영하는 식당에서 감자 껍질을 벗기고 설거지를 하며 자랐다. 마침 식당 근처에 머크 연구소가 있었는데, 이곳 연구원과 엔지니어들이 식당 단골이었다. 바젤로스는 머크 직원들이 인류의 건강 증진을

로이 바젤로스(사진 가운데)는
멕티잔을 무상으로 제공하는 프로그램을 이끌며 머크의 브랜드 가치를 높였다.

목표로 개발하는 약품에 대해 흥분해서 떠드는 이야기를 들으면서 꿈을
키웠다. 그가 화학을 전공하게 된 것도, 머크에 입사하게 된 것도 바로
어렸을 때 들은 연구원들의 열정적인 이야기 때문이었다.

　　그의 관심사는 MDP에 소요될 비용이 아니라, 멕티잔으로 인생이 바

꿸 수백만 명의 사람들이었다. 물론 '의약품은 이윤이 아닌 환자를 위한 것'이라는 머크의 확고한 경영철학은 그가 주저 없이 의사결정을 하는 데 힘이 됐다. 머크를 이끈 조지 머크 2세는 1950년대 이런 말을 한 것으로 유명하다.

나는 우리 회사가 지지해온 원칙을 종합적으로 결론짓고자 한다. 우리는 의약품이 환자를 위한 것임을, 그리고 인간을 위한 것임을 잊지 않으려고 노력한다. 의약품은 이익을 위한 것이 아니다. 이익 자체는 부수적인 것임을 기억하는 한 이익은 저절로 따라다닌다. 이러한 점을 명심할수록 이익은 더욱 커졌다.

이런 경영철학이 잘 배양되어 있는 조직이었기에 과감한 의사결정을 할 수 있었던 것이다.

MDP는 큰 성공을 거뒀다. 이 프로그램은 지금도 운영되고 있는 가장 오래된 약품 기부 프로그램이다. 서아프리카에 국한되었던 기부 지역은 1993년 중남미 지역으로 확장됐다. 프로그램이 시작된 이후 아프리카, 중남미 등 위험 지역에 거주하고 있는 3억 명의 사람들에게 총 40억 개 이상의 치료제가 제공됐다. 세계보건기구는 이 프로그램 덕분에 콜롬비아, 에콰도르, 멕시코, 과테말라에서 강변 실명증이 완전히 사라졌다고 선언했다.

MDP는 머크가 사회적 책임감이 큰 회사라는 평판을 쌓는 데 엄청나게 큰 기여를 했다. 〈포춘〉은 머크를 1987년부터 1993년까지 7년 연속 미국에서 가장 존경받는 기업으로 선정했는데, 이는 전무후무한 기록이다. 바젤로스는 MDP를 시작한 뒤 10년 동안 이 프로그램에 불만을 토로한 주주가 단 한 사람도 없었다며, 오히려 MDP 덕분에 머크에 입사했다고 고백하는 동료들의 편지를 많이 받았다고 말했다.

이러한 명성에 힘입어 머크는 오늘날 2000억 달러 이상의 기업가치를 자랑하는 세계 최대의 제약 회사가 됐다. 물론 투자자도 이익을 봤다. 1978년 이후 머크 주식은 연평균 13퍼센트의 수익률을 기록했는데, 이는 S&P500 기업들의 평균 수익률인 9퍼센트의 1.5배에 달하는 수치다.

머크는 공중보건이라는 기업 철학과 투자자의 이익이라는 목표가 충돌하는 순간, 어떻게 행동해야 하는지를 보여준다. 머크는 자신의 오랜 경영철학을 따랐다. 의사결정이 어려울 때는 이것저것 재보지 않고 경영철학을 따른다는 것. 일관성 측면에서 이보다 더 뛰어난 브랜드 전략은 없다.

핵심 철학에 집중한다
스타벅스

세 시간 동안 전 세계 매장을 닫습니다

#브랜드 크라이시스 #하워드 슐츠

스타벅스는 2008년 2월 26일 전 세계 매장 7100개의 문을 세 시간 동안 닫기로 했다.
왜 이런 결정을 내렸을까?

지금 서 있는 곳이 번화가인지 아닌지 판단하는 기준이 하나 있다. 바로 주변에 스타벅스(Starbucks)가 보이느냐 보이지 않느냐로 판가름하면 된다. 그만큼 스타벅스는 전 세계적으로, 특히 우리나라에서 큰 사랑을 받는 커피 브랜드다. 편안한 휴식 장소이자 모임을 가질 수 있는 카페라는 특유의 분위기는 스타벅스를 대체 불가능한 브랜드로 올려놓았다.

스타벅스를 이야기할 때 빼놓을 수 없는 사람이 있다. 바로 하워드 슐츠다. 슐츠는 스타벅스의 창업자가 아니다. 1982년 그는 로브스터 원두가 일반적이던 시절 커피 맛을 위해 고가의 아라비카 원두를 고수하는 스타벅스 창업자의 철학에 반해 스타벅스 마케팅 담당자가 된다. 그러나 커피의 본고장 밀라노를 다녀온 후 '에스프레소 바' 형태의 비즈니스 모델을 제안하지만, 회사가 이를 받아들이지 않자 스타벅스를 나온다. 그리고 자신이 원하는 형태의 커피 전문점 사업을 시작해 1987년 결국 스타벅스를 인수해버린다. 1992년 스타벅스를 상장시킨 슐츠는 2000년 명예롭게 은퇴한다. 스타벅스의 성공은 곧 하워드 슐츠의 성공이라고 불릴 만하다.

슐츠에게 바통을 넘겨받은 이가 오린 스미스다. 스미스는 1990년 CFO로 스타벅스에 합류한 뒤 1994년 COO를 거쳐 2000년 CEO가 됐다. 1990년 당시 45개 매장에 불과하던 스타벅스를 세계에서 가장 성공한 프랜차이즈로 성공시킨 주역 중 한 사람이다. 공격적인 매장 확장 전략이 그의 트레이드마크다. 2005년 스미스의 자리를 짐 도널드가 승계한다. 그는 2002년 스타벅스 북미총괄사장으로 입사했는데, 스미스의 경영 스타일을 눈여겨보던 도널드는 더욱 공격적인 매장 확장 전략을 펼친다.

매장 수가 늘어나면 어떤 일이 일어날까? 전체 매출이 증가한다. 점포당 매출은 어떨까? 점포당 매출액의 증가와 전체 매출의 증가는 직접적인 상관관계가 없다. 오히려 개별 점포 입장에서는 전체 매출 증가는 부담으로 다가온다. 실제로 당시 스타벅스 각 지점의 실무자들이 받는 심리적 압박감은 상당했다고 한다. 최고경영진에서 확장 전략을 강하게 밀어붙이는데 전년정도만큼의 매출을 올리면 충분하다고 여기는 점장은 아무도 없다. 매출액이 경영 성과를 주도하는 조직은 인사고과 또한 매출액에 의해 결정되기 마련이다. 커피만으로는 매출을 증대시킬 수 없을 것으로 보이면 어떤 전략을 취하게 될까? 샌드위치도 팔고 테디베어 같은 인형도 팔게 된다. 스타벅스가 딱 그렇게 했다. 스타벅스의 분위기와 어울리고 어울리지 않고는 차후 문제였다.

고객이 이런 변화를 모를 리 없다. 2007년 〈컨슈머 리포트〉의 시음 테스트에서 맥도날드의 맥카페가 스타벅스보다 낫다고 평가받는다. 스타벅스의 커피 맛이 패스트푸드점만도 못하다니. 물론 맥도날드의 노력도 인정해야 한다. 그래도 패스트푸드점과 커피 전문점이 비교 대상이 된다는 것 자체가 부끄러운 일 아닌가! 왜 이렇게 됐을까?

스타벅스는 판매량을 늘리기 위해 원두를 미리 로스팅한 후 분쇄해 담아두거나, 거품을 내지 않고 커피를 만드는 식의 부실한 제조 방식을 도입하면서 제품 경쟁력이 밀리게 된다. 스타벅스 주가는 2007년 한 해에만 반 토막 났다. 문제를 해결하기 위해 은퇴했던 슐츠가 스타벅스에 복귀했다. 2008년 1월 슐츠가 CEO로 복귀했다는 뉴스가 나오자마자 당일 스타벅스 주가는 9퍼센트 급상승했다(100조 원짜리 회사라면 9조 원 올랐다는 의미다).

슐츠는 곧바로 여러 가지 재건 전략을 구사했다. 그중에는 충격요법도 있었다. 2008년 2월 26일, 전 세계 7100개 매장의 문을 세 시간 동안 닫기로 했다. 그리고 15만 5000명의 바리스타에게 에스프레소 추출 및 서비스 프로세스 교육을 실시했다. 이 시간 동안 영업을 하지 않아서 손실을 봐야 했지만 '고객에게 완벽한 커피를 제공하기 위해 잠시 매장을 쉽니다'라는 안내문은 고객에게 강한 인상을 남겼다. 이 사건은 커피 맛에 대한 고객의 신뢰를 다시 얻는 계기가 된다.

매장도 통폐합했다. 실사를 통해 600개 정도의 매장이 제품과 서비스에 문제가 있는 것으로 판단됐다. 이들 불량 매장 중 70퍼센트가량이 최근 3년 내 개장한 곳이었다.

명분과 수익성을 추구하는 내실 있는 성장이 아니라 그저 성장을 위한 성장을 추구했던 것이다. 곧 이들 매장을 정리했다. 이 외에 글로벌 매장 매니저들이 슐츠에게 직접 보고하는 핫메일 체계를 구축하고, 충성도 높은 고객을 확보하기 위해 다양한 리워드 프로그램을 도입하면서 스타벅스는 부활하는데 성공했다.

기업에 있어 성장은 중요하다. 하지만 성장이 목표여서는 안 된다. 슐츠는 "성장을 전략(strategy)으로 인식되는 순간, 이는 집착(seduction)과 중독(addiction)을 낳는다. 성장은 결코 전략이 아니고 전략이 돼서도 안 된다. 성장은 전술(tactic)일 뿐이다"라고 말했다.

그러면서 "수년간 내가 얻은 가장 중요한 교훈 중 하나는 성장과 성공의 미명 아래 많은 실수가 은폐될 수 있다는 사실이다. 물론 우리는 더 많은 실수와 시행착오를 겪게 될 것이다. 그러나 우리는 매우 중요한 교훈을 얻었다. 성장 궤도에 다시 진입하고 나면 우리는 과거와는 차별화된 방식으로 성장을 추진할 것이다. 즉, 보다 신중하게 정당한 명분과 수익성이 있는 성장을 추구하는 데 초점을 둘 것이다"라고 설명했다.

스타벅스가 성장을 최고의 목표로 삼은 것은 2007년이 아닌 2000년부터다. 그런데 왜 2000년에는 문제가 없었는데 2007년에는 문제가 된 것일까? 어떤 일이든 효과가 바로 나타나지는 않는다. 다이어트를 해도 몇 달은 지나야 살이 빠지고, 다이어트를 멈춘다 해도 그다음 날 바로 원래 몸무게로 돌아가지 않는다. 성장은 당연히 해야 한다. 하지만 결과가 목적으로 변질되는 순간, 배는 서서히 침몰하기 시작한다.

앞서 머크의 사례에서, 기업 내에 면면히 흐르는 경영철학을 따라 의사결정을 하면 브랜드 일관성을 유지할 수 있고 문제를 해결할 수 있다고 했다. 스타벅스는 어떠했는가? 알게 모르게 경영철학이 바뀌었다. 슐츠는 성장을 강조한 적이 한 번도 없다. 그런데 후임자가 이를 흔들었다. 브랜드 크라이시스(brand crisis), 즉 브랜드 정체성에 위기가 찾아왔던 것이다. 이때 해결책은 초심으로 돌아가는 것이었다. 초창기 어려웠던 시절, 다들 똘똘 뭉쳐 위기를 극복했던 상황을 떠올리는 것이었다.

살아 있는 경영의 신으로 불리는 이나모리 가즈오 교세라(Kyocera) 명예회장이 천문학적인 부채에 허덕이던 일본항공(JAL)을 구해냈을 때 구사했던 전략 중 하나가 일본항공이 최초로 해외에 취항했을 때의 기내식을 부활시킨 것이었다. 이를 통해 일본항공의 자긍심을 고취시키고 선배들이 어려움을 헤쳐 나간 것처럼 우리도 해낼 수 있다는 의욕을 불러일으켰다.

기업이 위기에 빠지면 창업자 정신으로 되돌아가야 한다. 창업 당시의 브랜드 철학, 브랜드 가치가 무엇인지 돌이켜봐야 한다. 스타벅스가 그러했듯이.

INSIGHT 10

재미와 업을 연결하고 확장하라

벤앤제리스

주인이 바뀌어도 초심을 지킨다

#철학이 담긴 아이스크림 #벤과 제리

2018년 도널드 트럼프 대통령의 인종주의에 반대하는 의미로 탄생한
벤앤제리스의 아이스크림 '피칸 저항(Pecan Resist)

중학교 1학년 때 만난 두 친구가 있다. 한 아이는 벤 코헨, 또 다른 아이는 제리 그린필드. 둘은 곧 절친이 된다. 이 둘은 특별히 눈에 띄는 학생들은 아니었다. 그저 평범하게 지내고 있었는데, 그러다 보니 사는 게 좀 심심했다. 둘은 뭔가 재미있는 사업을 해보고 싶었다. 이때가 스물여섯 살이었다.

처음에는 베이글 가게를 열려고 했지만, 투자 금액 규모가 생각보다 컸다. 이것저것 알아보니 그나마 아이스크림 가게가 돈이 적게 들 것 같았다. 그런데 둘 중 누구도 아이스크림을 만들 줄 몰랐다. 알아보니 아이스크림 만드는 법을 알려주는 5달러짜리 통신 강좌가 있었다. 둘은 그 강의를 들으며 자신들의 돈 8000달러와 주변 사람에게서 빌린 4000달러로 주유소를 개조해서 아이스크림 가게를 열었다. 글로벌 브랜드 벤앤제리스를 떠올리면 다소 황당하게 들리겠지만, 이것이 1978년 벤앤제리스 아이스크림의 탄생 스토리다.

아이스크림의 경쟁력은 맛과 향이다. 그런데 코헨은 후각과 미각이 지독하게 둔감했다. 그래서 그가 아이스크림 사업을 시작하겠다고 했을 때 주위 사람들은 말리기 급급했다. 그러나 공동 창업자 그린필드의 생각은 달랐다. "벤, 만약에 너의 입맛에까지 맞는 아이스크림을 만든다면, 그것은 지금까지 없었던 가장 독특하고 맛있는 아이스크림이 될 거야."

자기 예언적 사고라고나 할까. 이들이 만든 아이스크림은 창업 3년 만에 〈타임〉 표지를 장식할 만큼 인기를 모은다. 전 세계에서 가장 맛있는 아이스크림이라는 찬사와 함께 사람들이 구름 떼처럼 몰려들었다. 다음 해인 1982년 고향 버몬트주를 벗어나 다른 지역에 지점을 내기 시작했다. 입소문이 나니 매출이 급격히 늘었다. 1983년 채 200만 달러가 안 됐던 매출액이 1984년 400만 달러를 넘어섰다. 1980년대의 화폐가치를 생각하면 지역 아이스크림 가게가 벌어들이기 힘든 금액이다.

두 친구가 아이스크림 가게를 연 이유는 지루한 인생을 좀 더 즐겁게 보내기 위해서였다. 그런데 사업이 커지니 신경 쓸 게 너무 많아졌다. 즐거움도 점점 줄어들었다. 그린필드는 은퇴를 선택했고, 코헨은 뭔가 다른 재미를 찾으려 했다. 일단 벤앤제리스의 성장을 도와준 지역사회를 위해 콘서트와 필름 페스티벌을 후원했다. 주위의 반응이 좋았다. 이에 고무돼 1985년 벤앤제리스 재단을 설립했다. 은퇴했던 그린필드는 재단 운영을 맡으면서 복귀했다. 이 재단은 매해 벤앤제리스의 세전 이익 중 7.5퍼센트를 출연해 운영된다. 인종, 성, 동성연애자 차별 금지 운동부터 빈곤, 환경오염 등 미국 사회의 다양한 이슈에 목소리를 내고 지원하고 있다.

직원 복지에도 선도적인 기업이 됐다. 이제까지 성공을 거둘 수 있었던 것은 모두 직원들의 노력 덕분이라고 생각했다. 두 친구는 그들에게 뭔가 더 해주고 싶었다. 창업 초기 복지라고는 매일 3파인트(약 1.4리터)의 아이스크림을 무료로 주는 것뿐이었다. 사업이 성공 궤도에 오르자 벤앤제리스는 그 시절 대기업도 도입하기 어려워하던 이익 분배 프로그램을 시작하고 학자금 지원 제도를 만들었다. 서비스 직원과 행정 업무 직원 사이의 차별을 없애기 위해 최고-최저 임금의 격차가 5배 이상 벌어지지 못하도록 규정했다(이는 나중에 7배로 바뀌고, 외부 CEO를 영입해야만 했던 1994년도에 폐지된다).

창업자에서 시작된 벤앤제리스의 정신은 상품에도 녹아 있다. 바닐라, 초콜릿 등 12종류의 아이스크림으로 출발한 벤앤제리스의 제품군은 오늘날 60종류가 넘는다. 그런데 아이스크림 이름 짓는 법이 흥미롭다. 전설적인 록 밴드 그레이트풀 데드의 리더 제리 가르시아의 이름을 패러디한 '체리 가르시아'는 1987년에 출시되어 지금까지 판매되고 있다. 버락 오바마가 대통령으로 취임하자 '예스 피캔(yes pecan)'이라는 제품을 만들었다. 오바마의 선거운동 구호인 '예스 위캔(Yes We Can)'을 위트 있게 비튼 것이다.

단순히 재미를 뛰어넘어 대의를 추구하는 제품도 있다. 2018년에는 도널드 트럼프 대통령의 인종주의에 반대하기 위해 '피칸 저항(Pecan Resist)'이라는 제품을 출시하기도 했다. 또한 1988년부터는 국방 예산의 1퍼센트를 평화 유지 활동에 사용하자는 '1퍼센트 포 피스(1퍼센트 for peace)' 캠페인을 전개하고 있다. 이 활동의 취지를 널리 알리기 위해 '피스 팝스(peace pops)'라는 아이스크림을 출시하고, 이 아이스크림의 판매 수익 중 1퍼센트를 평화를 위한 기금으로 적립하고 있다.

벤앤제리스가 아이스크림뿐만 아니라 경영 방식으로 주목받기 시작한 것은 1988년 '미션 스테이트먼트(mission statement)'를 발표하면서부터다. 구체적으로 살펴보자. 미션 스테이트먼트는 제품 사명(product mission), 경제적 사명(economic mission), 사회적 사명(social mission) 3가지로 나뉜다. 제품 사명은 '버몬트의 유제품으로 고품격 천연 아이스크림과 관련 제품을 만들고 유통한다'로 정했다. 경제적 사명은 '회사의 꾸준한 이익 창출을 통해 이해관계자의 가치를 높이며, 임직원의 경력 개발 및 발전 기회를 확장한다'를 채택했다. 사회적 사명은 '혁신적 방법으로 우리 사회의 삶의 질을 높이는 중심 역할을 한다'로 만들었다. 그리면서 이들 3가지 사명은 함께 나아간다는 연계 번영(linked prosperity)의 개념도 도입했다.

구체적인 예를 들어보자. 버몬트주의 우유가 과다 생산되어 시장가격이 폭락했다. 이때 어떻게 행동해야 할까? 버몬트주 우유를 사용하는 것은 벤앤제리스의 사명이다. 사회적 사명에 따르면 버몬트주라는 지역사회의 삶의 질을 책임져야 한다. 이런 경우, 벤앤제리스는 농가의 삶이 힘들어졌으니 오히려 가격을 높게 쳐준다. 힘들 때 도와주는 것이 진정한 친구이지 않은가. 이익이 줄어든다고 해서 바로 손해 보는 것은 아니다. 어느 정도가 적당한 선인지는 내부에서 더 잘 알고 있다. 이렇게 하면 제품, 사회, 기업 모두가 동시에 번영하는 선순환 구조를 유지할 수 있다.

사회적 사명을 강조한 데서 짐작할 수 있듯, 벤과 제리는 사회적 기업에도 관심이 많다. 그레이스톤 베이커리(Greyston Bakery)라는 사회적 기업이 있다. "브라우니를 만들기 위해서 고용하는 게 아니라 고용하기 위해서 브라우니를 만든다"는 경영철학으로 유명한 곳이다. 1982년 문을 연 이 회사는 실업자, 약물 중독자, 노숙자, 전과자가 노동자로 일한다. 이들에게 새로운 삶을 살 기회를 제공하는데, 기회가 주어진 사람들은 제2의 인생을 위해 죽어라 노력한다. 여기에서마저 탈락한다면 더 이상의 기회가 없다는 것을 알고 있기 때문이다. 이 회사는 백악관에 쿠키를 납품하는 것으로도 유명하다. 벤앤제리스는 이 회사에서 재료를 공급받아 인기 제품 '초콜릿 퍼지 브라우니'를 만들고 있다.

벤앤제리스는 주마 벤처스(Juma Ventures)의 후견인 역할을 하기도 했다. 주마 벤처스는 14~29세 저소득 청년들에게 직업훈련을 시켜주고 취업 기회를 제공하는 사회적 기업이다. 벤앤제리스는 이들을 위해 프

벤앤제리스의 공동 창업이자 절친인 벤 코헨과 제리 그린필드.
창업자는 떠났어도 이들의 경영철학은 벤앤제리스 브랜드에 고스란히 살아있다.

랜차이즈 가맹비를 받지 않고 매장을 운영할 권리를 준다. 그러면서도
매장 위치 선정, 시장조사, 인테리어, 마케팅, 홍보 등 모든 과정에서 여
느 프랜차이즈 가입자와 동등하게 대한다.

맛과 독특한 기업 문화로 사랑받는 벤앤제리스는 미국 프리미엄 아이
스크림 시장의 25퍼센트를 차지할 정도로 성장했다. 이러한 성장 과정
에 주목한 유니레버는 2000년 벤앤제리스를 3억 2600만 달러에 인수한
다. 벤앤제리스가 워낙 독특한 기업 문화를 보유한 까닭에 인수한 이후
에도 기존 활동, 특히 사회 공헌 활동은 그대로 유지하기로 했다. 그래
서 인수 후에도 2006년 세계 최초로 공정무역 인증 재료로 만든 바닐라

아이스크림을 출시했고, 2010년에는 그 종류를 추가했다.

벤앤제리스가 돋보이는 브랜드로 사랑받는 것은 사회적으로 의미 있는 일을 하겠다는 초심을 지키고 있기 때문이다. 큰 기업에 인수되면 대부분의 경우, 창업자의 초심은 희미해져버린다. 하지만 벤앤제리스는 그렇지 않았다. 그 이유는 독립이사회 덕분이다. 벤앤제리스의 독립이사회 구성원은 전통적 의미의 간부진으로 꾸려져 있지 않다. NGO 등 외부 출신이 이사진의 대부분을 차지한다. 이사회의 주목적은 브랜드 자산과 브랜드 건전성을 지키는 것이다. 매출이나 이익보다는 제품 품질을 유지하는 데 더 관심을 기울인다. 홈페이지에도 공공연하게 이사회의 독립성을 자랑할 정도다. 유니레버가 매출 등 숫자에 관해서는 참견할 수 있더라도 그들의 경영철학, 즉 제품, 경제적·사회적 사명만큼은 어떻게 하기 힘들다.

원칙을 지키면 길이 보인다

알버트 하인

유통기한이 닥친 음식을 구출하라

#브랜드 일관성 #사내 벤처, 인스톡

"음식을 구할 준비가 되셨습니까(Are You Ready To Rescue Food)?"
알버트 하인의 사내 벤처로 시작한 인스톡의 푸드트럭. 브랜드 일관성의 대표 사례다.

슈퍼에서 유제품을 구매할 때 꼭 살피는 정보가 있다. 유통기한이다. 누구나 우유 같은 신선식품은 가능한 한 유통기한에 여유가 있는 것을 구매하려고 한다. 그러나 반품이나 폐기를 걱정해야 하는 매장은 유통 기간이 짧은 제품을 앞쪽에 놓기 마련이다. 팔을 길게 뻗어 뒤쪽에 있는 제품을 꺼낸 뒤 앞쪽에 있는 제품과 유통 기간을 비교해 본 경험이 다들 한번쯤 있을 것이다.

유통 기간이 지난 제품은 어떻게 해야 할까? 당연히 폐기해야 한다. 그런데 이는 큰 낭비다. 환경적인 면에서도 그렇고, 경제적인 면에서도 그렇다. 다른 방법이 있을까? 네덜란드에서 가장 큰 슈퍼마켓 체인인 알버트 하인(Albert Heijn)이 그 방법을 찾아냈다.

알버트 하인은 한국 기업인들 사이에서 꽤 유명한 기업이다. 식품업계에 종사하면서 글로벌 동향에 관심이 있다면 들어봤을 이름이다. 특히 슈퍼마켓에 식물 공장을 설치한 것이 알려지면서 네덜란드에 출장 갈 기회가 있으면 반드시 찾아가보는 매장으로 손꼽히고 있다.

식물 공장이라고 해서 복잡한 것은 아니다. 매장 안에 허브 가든을 만들어 소비자가 직접 허브를 따서 바구니에 담도록 한 것이 전부다. 실제로 해보면 마치 밭에서 채소를 따는 기분이 든다. 제품이 신선한 것은 물론 내 기분도 신선해진다.

알버트 하인을 좀 더 들여다보자. 유기농 판매, 플라스틱 감소, 식품 폐기물 최소화를 위해 노력하는 기업임을 알 수 있다. 슈퍼마켓 업계의 ESG 모범생인 셈이다. 알버트 하인을 비롯한 네덜란드 슈퍼마켓에는 일반 제품과 유기농 제품이 거의 비슷한 양으로, 그리고 거의 비슷한 가격으로 진열되어 있다. 우리나라에서는 유기농 제품이 가격도 비싸고 품목도 적다. 시장 환경이 달라서 어쩔 수 없는 면이 있는 것도 사실이다.

알버트 하인 매장에서는 과일이나 치즈를 포장할 때 플라스틱 덮개를 쓰지 않는다. 플라스틱 상자마저 쓰지 않기 위해 잘 깨지지 않는 쿠키를 만들어 판다. 세제 용기를 더 작게 만들기 위해 농축 세제를 자체 개발하기도 했다. 모두 플라스틱 사용량을 줄이기 위한 조치다.

압권은 식품 폐기물 관련 사업이다. 다이내믹 프라이싱(dynamic pricing)이라는 제도가 있다. 이는 유통기간이 짧아질수록 가격을 떨어트린다는 개념이다. 물론 우리나라 시장이나 마트에도 '떨이' 개념이 있긴 하다. 그러나 알버트 하인은 AI 기술을 접목해 '떨이'를 과학화했다. 2019년 5월 도입된 AI 시스템은 유통기한뿐만 아니라 기후, 입지, 재고 상황, 과거 판매 이력 등 다양한 정보를 고려해 제품 가격을 정한다. 능동적으로 숫자가 바뀌는 전자 가격표를 진열대에 부착해 정상 가격과 할인 후 가격 2가지 지표를 함께 표시한다. 소비자는 이를 통해 수시로 바뀌는 할인율을 확인할 수 있다. 다양한 데이터를 통해 가격을 제시하다 보니 감에 의존해서 할인할 때보다 재고 처리 확률이 높아졌다.

다이내믹 프라이싱으로 자신감을 얻은 알버트 하인은 인스톡(Instock)이란 자회사를 만든다. 이 회사는 '유통기간이 얼마 남지 않은 식품을 활용해 음식을 만드는 레스토랑'이다. 사연은 이렇다. 알버트 하인에 입사한 친구 3명이 우연히도 같은 점포에 배치됐다. 이들은 유통기한이 지나 폐기처분해야 하는 식품 재고의 심각성을 알게 됐다. 그러던 중 알버트 하인에서 사내벤처 공모가 있었다. 곧 이들 셋은 '식재료를 구조하라(This food has just been rescued)'란 콘셉트의 비즈니스 모델을 제안했다. 문자 그대로 유통기간이 얼마 남지 않은 재료만 가지고 음식을 만드는 레스토랑이다.

알버트 하인 최고경영진은 이들이 5개월 정도 팝업스토어를 운영할 수 있도록 지원했다. 반응은 폭발적이었다. 몇 개월씩 팝업스토어 운영 기간이 연장됐다. 그렇게 5년이 지났고, 현재 인스톡은 독립해 사회적 기업으로 자리 잡았다.

인스톡 레스토랑에서 사용되는 식자재는 유통기간이 촉박한 제품 외에도 재고가 너무 많은 제품, 운송 중 외관이 손상됐지만 먹는 데는 전혀 지장 없는 상품도 포함된다. 창업 멤버들은 좀 더 노력하면 한 달에 20톤 정도의 식품을 구조할 수 있을 것으로 보고 있다. 창업 멤버들의 사명감, 그리고 그들이 만든 멋진 음식이 소문나면서 현재 점포가 3개로 늘어났다. 앞으로 얼마나 성장할지 알 수 없지만, 잠재력이 막강한 비즈니스 모델임에는 틀림없다. 2021년 9월 말 기준 인스톡 레스토랑이 구조해낸 음식물은 총 1080톤이다. 어느 정도 규모일까? 숫자로는 감이 오지 않는다. 쌀 한 석이 160킬로그램이다. 한 사람이 1년간 먹는 밥의 양이다. 1080톤이 모두 쌀이라고 가정하면 6750명이 1년간 먹을 수 있는 양이다.

인스톡은 레스토랑 외에 푸드 트럭도 운영하고 있다. 식재료를 오래 보관할 수 있는 훈제, 발효 등 저장 방법을 소개하는 책도 출간했다. 이 책을 바탕으로 매달 요리 교실도 개최한다.

알버트 하인과 인스톡이 폐기 식품을 줄이기 위해 기울이는 노력은 눈물겹다. 다이내믹 프라이싱을 통해 소비자에게 할인된 가격으로 유통기한이 임박한 식재료를 판매한다. 그래도 다 팔리지 않으면 인스톡으로 보낸다. 그래도 처리하지 못하는 것이 일부 있다. 그 일부 중 20퍼센트는 동물 사료로 쓰고, 78퍼센트는 바이오 연료로 재활용한다. 그냥 폐기하는 음식물은 정말 극소수다.

식품 폐기는 전 세계적인 문제다. 유엔 식량농업기구의 조사에 따르면 전 세계 식품 생산량의 3분의 1가량인 13억 톤이 매년 폐기되고 있다. 전 세계 인구 1인당 매년 165킬로그램을 버리는 셈이다. 식품 폐기는 경제적 손실을 가져올 뿐만 아니라 식품 포장 및 운송, 냉각, 조리 과정에서 발생하는 많은 노력을 헛되게 만든다. 사회적 문제이기도 한 것이다.

브랜드 일관성을 유지하기 위해서는 시간적·공간적 노력이 필요하다. 시간적 노력은 창업자, 혹은 탁월한 CEO의 경영철학을 계승하는 것이다. 머크나 반면교사로서의 스타벅스가 그러했다. 공간적 노력은 각 소비자 접점에서 브랜드 일관성을 유지하는 것이다. 이 개념을 넓히면 모든 계열사가 동일한 브랜드 일관성을 유지하는 것이라고 할 수 있다. 알버트 하인과 그의 자회사인 인스톡이 그러한 예다.

소비자 관점에서 설계하라

도쿄가스

90년을 이어 온 요리교실

#가스회사의 요리 교육 #미각의 일주일

요리와는 상관없어 보이는 도쿄가스는 왜 90년 동안 요리교실을 운영해온 걸까?

삼육(三育)이란 용어가 있다. 페스탈로치의 교육 사상을 설명할 때 쓰이는 용어다. 머리, 가슴, 몸을 골고루 닦고 길러 하나의 인격으로 키워 내고자 하는 것을 말한다. 옛날식으로 표현하면 지육(智育), 덕육(德育), 체육(體育)의 조화로운 교육이라 할 수 있다. 인간에게는 이 3가지 능력이 이미 내적으로 잠재돼 있는데, 페스탈로치는 교육이 이를 한쪽으로 치우침 없이 자연스럽고 조화롭게, 생활 속 직관을 통해 키워 나갈 수 있도록 도와준다고 주장했다.

2005년 6월, 일본에서 식육(食育)이란 단어가 등장했다. 지육, 덕육, 체육과 연관시켜보면 먹거리에 관련된 역량을 길러주는 단어처럼 보인다. 이 단어가 만들어진 배경이 흥미롭다. 당시 일본 총리였던 고이즈미 준이치로가 각료회의에서 "어린이들이 패스트푸드 등을 즐겨 먹는 바람에 양질의 음식을 변변히 먹지 못해 오래 살지 못할 것"이라고 걱정하자 문부과학상이 "그러면 쌀밥 급식을 좀 더 늘릴까요"라고 대꾸했다고 한다. 일본 언론은 "어린아이의 식사 문제까지 거론한 총리는 아마도 고이즈미가 처음일 것"이라고 보도했다.

왜 이런 대화가 오고 갔을까? 일본 어린이들의 식생활 문제가 심각하기 때문이다. "시간이 없다" "밥맛이 없다"는 이유로 아침을 건너뛰는 어린이가 급속히 늘고 있다. 패스트푸드로 끼니를 때우는 문제지만, 아예 아침을 건너뛰는 가구 수도 증가하는 추세다. 결론적으로 일본에서는 식(食)에 대한 교육을 실시해 먹거리에 대한 지식과 먹거리를 선택하는 판단력 등을 키워줘야 한다는 의견이 커지고 있었다.

이런 문제의식에서 만들어진 것이 식육 기본법이다. 관련 법규가 정비되자 여러 기업과 공공단체가 적극 참여해 식육에 관한 상품 개발과 세미나, 강연회 등으로 비즈니스 영역을 확장하기 시작했다. 후생노동성은 '건강 수명을 늘리자!'는 상을 만들어 지방자치단체나 기업을 표창했고, 식육 인스트럭터를 비롯해 식육 어드바이저, 식육 메뉴 플래너, 식육 스페셜리스트, 식육 푸드 코디네이터 등 무려 15종류의 관련 자격증을 만들었다.

이런 분위기를 가장 먼저 활용한 기업은 식품 회사들이었다. 이들은 발 빠르게 사업과 연계된 사회 공헌 아이템을 내놓았다. 카레를 만드는 회사는 카레 요리 교실을 열었고, 우유를 만드는 회사는 칼슘과 뼈의 중요성을 알리는 건강 교실을 열었다. 모두 업의 본질에 맞는 사회 공헌 아이템을 만들어낸 것이다.

흥미로운 기업은 도쿄가스(Tokyo Gas)다. 1885년 세워진 이 회사는 '일본 자본주의의 아버지' 시부사와 에이치와 아사노 재벌의 창시자 아사노 소이치로가 손잡고 만들었다. 도시가스 사업으로는 세계 최대 규모를 자랑한다. 그런데 이 회사가 난데없이 식육 관련 사회 공헌 활동을 시작했다. 식품 회사도 아닌 가스 회사가 어찌 된 영문일까?

결론부터 말하자면 도쿄가스의 본업이 주택에 가스를 공급하는 일인 데 따른 것이다. 도쿄가스는 일본 메이지 시대에 설립된 회사로, 창업 초기인 1914년부터 요리 교실을 운영해오고 있다. '먹거리'에 관한 한 식품 회사 못지않게 가스 회사도 중요하다는 자부심을 갖고 있는 것이다. '식육'이라는 공식 용어는 2005년에 만들어졌지만, 도쿄가스는 1992년부터 이미 어린이를 대상으로 하는 '키즈 인 더 키친' 프로그램을 운영해왔다. 역사가 훨씬 더 오래된 것이다.

도쿄가스의 식육 관련 프로그램을 잠시 살펴보자. 1995년 도쿄가스는 '에코 쿠킹'을 제안했다. 집에서 요리하는 과정을 살펴보자. '재료를 산다' '요리한다' '먹는다' '설거지 등 정리를 한다'로 구분할 수 있다. 이 중 도쿄가스는 두 번째 '요리한다'를 위해 가스를 제공한다. 에코 쿠킹 은 이 단계에서 발생하는 환경오염과 낭비 요소를 줄여보자는 활동이 다. 예를 들어, 싸다고 한꺼번에 너무 많이 구매해 냉장고에서 식재료가 상해버리는 일 등을 막는 교육을 했다. 이처럼 사회 공헌 프로그램을 만 들 때는 제품 관점이 아닌 소비자 관점에서 바라봐야 한다.

제품 관점에서 바라봤다면 어떠했을까? 도쿄가스의 대표 상품은 '가 스'다. 아마 "가스를 아껴 쓰자" 정도의 수준에서 아이디어가 나오지 않 았을까? 하지만 도쿄가스는 사용자 관점에서 생각했다. 이렇게 보면 도 쿄가스의 사업을 '조리용 에너지 공급'으로 정의할 수 있다. 간단하지만 어려운 발상의 전환이다. 이렇게 발상을 전환하면 좀 더 폭넓게 아이템 을 기획할 수 있다.

오랜 기간 요리 교실을 운영하다 보니 새로운 사업도 하게 됐다. 예를 들어, 한쪽 손이 불편한 사람도 요리를 해야 한다. 그런데 당근 껍질 하 나 벗기는 것도 한 손으로는 쉽지 않다. 그래서 도쿄가스는 몸이 불편한 사람들을 위한 요리법을 가르친다. 오프라인 수업을 진행하고 소책자, 동영상을 만들어 올리고 있다.

도쿄가스는 체험(experience), 감각(sense) 등의 개념을 도입해서 또 한 번 아이디어를 확장시켰다. 체험이란 단어는 경험으로도 바꿀 수 있는데, 마케팅 이론에선 원자재(commodities), 상품(goods), 서비스(services), 경험 (experiences)으로 단계가 넘어가면서 상품의 부가가치가 올라간다는 점을 강조한다. 커피 농가에서 커피 무역상에게 파는 원두의 가격은 엄청 싸다. 원자재이기 때문이다. 커피 원두를 커피 믹스라는 상품으로 만들면 개당 100원 정도 한다. 그런데 자판기에서 서비스되는 커피를 마시려면 500원 정도는 써야 한다. 스타벅스는 훨씬 비싼 값에 커피를 판다. 왜 그럴까? 하워드 슐츠는 밀라노의 에스프레소 카페를 보고 새로운 비즈니스 모델을 만들었다. 커피가 아닌 카페의 분위기, 질 좋은 원두 향, 이를 즐길 수 있는 금전적·시간적 여유와 그로 인한 자부심 등을 총체적으로 경험할 수 있기 때문에 고객은 기꺼이 비싼 값을 지불하고 스타벅스에서 커피를 마신다. 이를 체험경제, 또는 경험경제라고 한다.

도쿄가스는 '먹는다'에 오감(五感)을 연결시켰다. 먹으니까 '미각'이다. 그런데 우리가 미각이라고 알고 있는 것의 90퍼센트가 사실은 '후각'이다. 눈을 감은 채 코를 움켜쥐고 콜라와 사이다를 마시면, 어느 쪽이 콜라고 어느 쪽이 사이다인지 구분할 수 없다. 보기 좋은 떡이 먹기 좋다는 속담처럼 '시각'도 중요하다. 사각사각, 아삭아삭처럼 먹는 소리(청각) 역시 역할이 있다. '촉각'도 빠질 수 없는 것이 깨끗이 씻은 상추를 손으로 잡으면 마치 내 몸이 신선해지는 느낌을 받는다.

도쿄가스는 '조리하다'를 자신의 영역이라 생각하는 만큼, 조리 중의 오감에 집중한다. 요리할 때의 냄새, 지글지글하는 소리, 재료가 익어가면서 변화하는 색깔, 재료에 간을 하는 행위, 점점 달아오르는 프라이팬처럼 말이다. 도쿄가스는 요리하면서 오감을 키우고, 요리된 음식을 먹으면서 오감을 키우는 프로그램이 뭐가 있을까 찾았다. 그러다 이들의 눈에 들어온 게 있었다. '미각의 일주일(La Semaine du Goût)'이란 프랑스 교육 프로그램이었다. 1990년 탄생한 이 프로그램은 매년 10월 셋째 주 어린이들에게 프랑스 식문화를 알려준다. 초등학교에선 프로 요리사가

'미각의 수업'을 실시하고, 협찬 기업은 '미각의 아틀리에'를 열어 프랑스 음식을 맛볼 수 있게 한다. '미각의 식탁'은 전문 요리사들이 자신의 레스토랑에서 여는 프로그램이다.

도쿄가스는 이를 벤치마킹해 2011년부터 10월 넷째 주를 '미각의 일주일'로 지정하고 '미각의 수업'과 '미각의 아틀리에', 그리고 '미각의 식탁' 3개 프로그램을 메인으로 프로젝트를 진행하고 있다. '미각의 수업'에서 사용하는 공식 학습서나 강사 매뉴얼을 만들고, 유명 요리사와 지식인을 초빙해 '미각의 아틀리에'도 개최한다. 반응은 뜨거웠다. 프로그램을 진행한 첫해 28개 학교 2000여 명으로 시작한 참석 인원은 2019년 262개 학교 1만 6000명가량으로 늘었다. 참여한 학생들이 도쿄가스에 친밀감을 갖게 된 것은 너무나 당연한 결과다.

우리나라 사람이라면 '우리 강산 푸르게 푸르게'라는 말이 귀에 익숙할 것이다. 1984년 시작된 유한킴벌리의 나무 심기 캠페인의 캐치프레이즈로, 2022년 기준으로 38년째 됐다. 브랜드 일관성 측면에서 매우 훌륭한 사례. 1914년 시작된 도쿄가스의 요리 교실은 그 역사가 2022년 기준 108년이나 된다. 오랜 기간 진행된 만큼 일본 사람들은 이 캠페인을 잘 알고 있지 않을까? 브랜드 콘셉트의 근간을 흔들지 않으면서 도쿄가스도, 유한킴벌리도 시대에 맞게 프로그램에 다양성을 더했다.

시간이 걸리겠지만, 지금부터라도 자기 회사만이 잘할 수 있는 사회 공헌 아이템을 찾아 이에 집중해야 한다. 5년 정도는 어떤 활동을 하는지 아무도 모를 수 있다. 주변에 알려지는 데는 최소 5년 정도의 시간이 필요하다. 5년이 지나면 여러분의 회사가 어떤 활동으로 이 시대에 기여하고 있는지 모두에게 명확히 알릴 수 있을 것이다.

브랜드 전략의 핵심인 일관성을 놓친
사베나 항공

벨기에의 대표적인 항공사 사베나 항공(Sabena Airlines)은 '고급 기내식'을 내세워 승객을 끌어들이려고 했다. 하지만 기내식이 훌륭하다고 해서 목적지와 다른 곳으로 가는 비행기를 타는 사람은 없다. 국영 항공사인 만큼 벨기에가 찾고 싶을 만큼 매력적이어야 사베나 항공을 이용하는 승객이 늘어난다. 시작은 나쁘지 않았다. <미슐랭가이드>는 식당 외에 멋진 도시에도 별을 준다. 별 3개를 받은 도시로 암스테르담이 있는데, 벨기에에는 이런 도시가 5개나 있었다. 이를 활용해서 한때 큰 관심을 끌었지만, 정치적인 이유로 이 기세를 이어가지 못했다. 결국 우왕좌왕하다가 파산했다.

벨기에 국영 사베나 항공이 2001년 파산했다. 20억 유로에 달하는 과중한 채무가 원인이었다. 인수자를 물색하는 등 회생하기 위해 필사적으로 노력했지만 별 효과가 없었다. 당시 상당히 주목받는 뉴스거리였다. 911테러 사태 이후 문을 닫은 최초의 대형 항공사였기 때문이다. 유럽에서 국영 항공사가 파산한 것 역시 사베나가 처음이었다. 물론 어느 기업이나 파산할 수 있다. 그러나 사베나의 사례는 마케팅 브랜드 전략에서 일관성이 얼마나 중요한지 큰 가르침을 준다.

1919년 스네타 항공(Sneta)이 벨기에 국내선 노선을 운항하기 시작했다. 1923년 벨기에 정부가 이를 인수하면서 사명이 사베나 항공으로 바뀌었다. 같은 해 1월 브뤼셀을 출발해 오스텐더를 경유해 런던을 오가는 최초의 국제선 노선을 신설했다. 벨기에를 대표하는 항공사임에 틀림없다.

시간이 흘렀다. 1970년대 말 사베나 항공의 전략은 '고급 기내식'을 강조하는 것이었다. 본 비안트(von vivant), 즉 식도락가의 개념을 활용했다. "사베나를 타려면 꼭 식도락가여야 할까요?(Do I have to be a von vivant to fly Sabena?)"라는 문구와 함께 멋지게 차려입은 신사 숙녀가 고급스러운 식탁 앞에 서 있는 모습은 분명 '아, 저 항공사의 기내식은 훌륭하겠구나!'라는 느낌을 주기에 충분했다. 하지만 생각해보자. 기내식이 훌륭하다는 이유로 자신의 목적지와 다른 곳으로 가는 비행기를 탈 사람이 있을까? 사베나 항공이 성공하려면 사베나 항공이 아니라 벨기에가 매력적이어야 한다. 그런데 벨기에가 매력적일까? 유럽 여행 계획을 세울 때 벨기에를 우선 순위에 두는 사람은 그리 많지 않다. 영국의 런던, 프랑스의 파리, 이탈리아의 로마, 피렌체, 밀라노, 베네치아 등 벨기에 말고도 갈 곳이 산적해 있지 않은가? 실제 1970년대 후반 유럽 16개 국에 대한 여행객들의 목적지 배분율을 보면 영국 29퍼센트, 독일 15퍼센트, 프랑스 10퍼센트, 이탈리아 9퍼센트, 네덜란드 6퍼센트의 순이었다. 벨기에는 2퍼센트로 14위였다. 쉽게 말해, 비행기를 타고 방문할 만한 매력이 별로 없는 국가였던 셈이다.

어떻게 해야 벨기에를 매력적인 국가로 만들 수 있을까? 흥미롭게도 <미슐랭 가이드>가 결정적 역할을 했다. 요즘은 그 권위가 좀 떨어졌다고 하지만 미식가라면 <미슐랭 가이드>를 참조한다. 특히 미슐랭 빕 구르망은 만두,

냉면 등 저렴한 가격으로 즐길 수 있는 음식점을 소개해서 인기가 크다. 그런데 이 책은 도시도 평가한다. 음식점과 마찬가지로 특별히 여행할 만한 가치가 있는 도시에 별 3개를 부여한다. 당시 네덜란드에선 암스테르담만이 별 3개를 받았다. 반면 벨기에는 브뤼셀을 비롯해 5개 도시가 별 3개를 받았다. 당신이 광고를 만든다면, 어떤 광고 문구를 만들겠는가? "아름다운 벨기에에는 5개의 암스테르담이 있습니다(In beautiful Belgium, there are five Amsterdams)"는 어떤가? 정말 매력적인 문구 아닌가?

이 광고가 나간 뒤 벨기에를 그저 암스테르담발 파리행 열차의 차창을 통해서만 보았던 관광객들의 전화 문의가 빗발쳤다. 그중에는 네덜란드 관광 장관이 벨기에 관광 장관에게 건 전화도 있었다. 말할 필요도 없이 네덜란드 관광 장관은 그 광고는 물론이고 광고를 만든 사람까지 죽이고 싶어 할 정도로 화가 나 있었다.

이 광고의 성공 요인은 무엇일까? 첫째, 이미 여행객의 머릿속에 자리 잡고 있는 암스테르담이라는 목적지가 벨기에를 연상시키도록 만들었다는 점이다. 어떤 포지셔닝 프로그램에서든 강력히 구축된 기존 인식을 이용하면 그만큼 자기의 포지션을 확립하는 데 유리하다. 둘째, 관광객의 머릿속에 자리잡은 또 하나의 실체인 <미슐랭 가이드>를 이용함으로써 주장의 신뢰도를 높였다. 셋째, 방문할 만한 5개 도시를 부각시킴으로써 벨기에를 진정한 목적지로 생각하게 만들었다.

그런데 왜 20년이 지난 시점에 파산이란 쓰라린 결말을 맞게 된 것일까? '아름다운 벨기에에는' 이란 TV 광고가 방송될 무렵, 사베나 항공의 조직 개편이 이뤄졌다. 안타깝게도 새로 선출된 경영진은 이 광고가 얼마나 큰 기회를 만들었는지 알지 못했다. 브뤼셀 본사가 '유럽의 관문' 전략으로 돌아가

길 원하기도 했다. 더욱 힘들게 만든 것은 벨기에 관광청의 정책이었다. '왜 5개 도시만 강조하는가? 다른 도시는 못 끼는 이유가 뭔가?'라며 별 3개 등급을 받지 못한 도시까지 포함시키라고 성화를 부렸다.

전략의 기본은 선택이다. 어떤 것을 선택하면 선택하지 못한 것에 대한 희생이 따를 수밖에 없다. 암스테르담 수준의 도시가 5개 있는데, 여기 집중하지 못하고 숫자를 늘리는데 신경 쓰는 순간, 더 이상 이 전략은 의미를 지니지 못한다. 수십 년간 꾸준히 홍보하고 광고했다면 강력한 포지셔닝 프로그램이 될 수 있었을 것이다. 많은 사람이 암스테르담보다 벨기에를 더욱 가고 싶어 했을 것이다. 2001년 파산했기에 이런 점이 더욱 아쉽다.

참고문헌 : 《포지셔닝(Positioning)》, 잭 트라우트 & 앨 리스

4부

효율성,
큰 파도일수록
더 과감히

효율성(Efficiency)에 관해 설명할 때는 흔히 잉크 한 방울의 예를 든다. 한강에 잉크 한 방울을 떨어뜨려봐야 아무런 변화가 없지만 종이컵에 든 물이라면 잉크 한 방울로 물 전체를 잉크빛으로 바꿀 수 있다. 효율성이란 그런 것이다. 효율성을 높이기 위해선 새로운 접근법이 필요하다. 앞서 소개한 의류업체 파타고니아는 자신들의 경영철학을 '효율적'으로 알리기 위해 식품 사업에 뛰어들었다. 어쩌다 한 번 구매하는 의류제품만으로는 세상을 바꾸기 힘들다고 판단해서였다. 소비자가 매일매일 접하는 식품에 자신들의 경영철학을 접목시킴으로써 그들의 브랜드 철학을 보다 효율적으로 전달하고자 했다. 이런 관점에서 **브루독**의 전략은 눈여겨볼 만하다.

지속가능한 브랜드로 자리 잡기 위해서는 이해관계자에게 자신을 어떻게 알리냐가 중요하다. '우리가 이렇게 훌륭한 일들을 합니다'라고 상업광고로 알리는 것은 역효과를 낼 수 있다. 차라리 그 돈으로 의미 있는 일을 더 하라고 면박 듣기 쉽다. 이럴 때는 입소문 전략이 효율적이다. 일본 **나메가타 파머스 빌리지**의 고구마 박물관처럼 방문객의 호기심을 자극해 입소문을 극대화한다거나 **닥터 브로너스**처럼 강력한 퍼포먼스로 빠른 인지도를 획득하는 방법은 참고해볼 만하다.

같은 좋은 일도 효율적으로 하는 방법이 있다. **록시땅**처럼 단계적으로 사회공헌을 진화시키는 것도 좋은 본보기다.

친환경만 추구한다면 적합성, 일관성의 영역이다. 여기에 가격경쟁력을 겸비하면 효율성까지 갖출 수 있다. **리플푸드**가 그러하다. 리플푸드에 투자가들이 서로 돈을 대겠다고 줄을 서는 데는 다 이유가 있다.

성과를 측정하고 관리하는 것은 아웃풋 관점에서 본 효율성의 출발점이다. 그런 점에서 세계 최초로 환경회계를 도입한 **푸마**의 사례는 유용하다.

때론, 충격요법이 필요하다
닥터 브로너스

마약단속국 앞마당에 대마초를 심다

#행동주의 철학 #데이비드 브로너

닥터 브로너스의 CEO 데이비드 브로너는 왜 마약단속국 앞마당에 대마초를 심었을까?

닥터 브로너스(Dr. Bronner's)는 유기농 보디케어 제품으로 유명한 브랜드다. 닥터 브로너스가 유명세를 타게 된 사건이 있다. 2009년 10월 이 회사의 CEO 데이비드 브로너가 미국 마약단속국(DEA) 앞뜰에서 대마를 심다가 구속된다. 몰래 심다가 걸려도 큰일 날 판에 브로너는 대낮에 보란 듯이 마약단속국 앞뜰에 대마초를 심었다. 왜 그랬을까? 대마초를 법적으로 허용해달라는 퍼포먼스를 벌인 것이다.

우리가 마약으로 생각하는 대마초는 환각 증상을 일으키는 물질인 테트라하이드로칸나비놀(THC) 함량에 따라 마리화나(Marijuana)와 헴프(Hemp)로 구분된다. 대마 건조 기준으로 THC 함유량이 0.3퍼센트보다 낮으면 헴프, 높으면 마리화나다. 마리화나는 마약으로 분류될 만큼 중독성이 강하지만 헴프는 그렇지 않다는 것이 대마 판매를 허용해달라는 측의 주장이다. 우리나라에서도 예로부터 대마를 옷감 원료로 써왔다. 장례용 수의에 쓰는 '삼'이 바로 헴프다. 지금도 경북 안동, 전남 보성, 강원 정선 등지에서는 엄격한 조건 아래 대마를 재배하고 있다.

헴프는 환경적 측면에서 매우 유용한 작물이다. 곤충과 잡초의 공격에 강하다. 살충제를 쓸 일이 거의 없고, 밀집해서 자라기 때문에 잡초가 자라날 틈이 없다. 성장 속도도 빠르다. 120일 동안만 재배하면 수확할 수 있다. 이모작이 기본이다. 빨리 자라고 밀집되어 자라니 토지 이용 면에서도 효율적이다. 쓰임새가 다양하다는 것도 큰 이점이다. 대마 섬유는 내구성이 강해 밧줄, 어망 등에 사용된다. 옛 소련군은 추운 환경에서도 부서지지 않는 대마 섬유를 이용해 군용 밧줄, 천막 등을 만들었다. 그 외에도 종이, 페인트 등 건물 자재부터 헴프 오일 같은 식재료의 원료로도 쓰인다. 닥터 브로너스는 이에 주목해 1999년부터 헴프 오일을 활용한 보디케어 제품을 생산했다.

브로너가 구속을 각오하면서까지 대마초 심기 퍼포먼스를 벌인 이유는 무엇일까? 원래 미국은 대마초를 의료용으로 사용하는 것에 호의적이었다. 그런데 2009년 오바마 행정부가 새로운 규제안을 발표했다. 대마초 판매와는 별개로 판매 대금이 돈세탁이나 불법 무기 거래와의 연결점이 발견되면 범죄자로 간주해 처벌하겠다는 내용이었다. 미국식품의약국(FDA)은 한술 더 떠서 대마초 판매상에 대한 지속적인 단속을 벌였다. 대마를 재배하라는 건지 하지 말라는 건지 정책이 애매모호했다. 그래서 시위를 벌였던 것이다. 이후 닥터 브로너스는 단발성 시위가 아니라 10여 년 가까이 대마 합법화를 위한 운동과 로비를 펼친다.

시간이 흘러 2018년 트럼프 대통령은 대마 합법화가 담겨 있는 농업개선법(Agriculture Improvement Act)에 서명했다. 미국 전역에서 헴프 재배가 합법화된 것이다. 이런 변화의 바탕에는 오랫동안 대마 합법화를 위해 노력한 닥터 브로너스의 행동주의 철학이 깔려 있다(직원 행동주의는 외부에 회사 내부의 문제를 알리고 직원들이 적극적으로 자신의 의사를 개진하는 것을 말한다. 주주 행동주의는 주주들이 투자 수익을 높이기 위해 기업 의사결정에 적극적으로 참여하는 행위를 뜻한다. 같은 관점에서 자신의 주장을 적극적으로 표현하는 기업을 행동주의 기업이라고 부르기도 한다).

닥터 브로너스의 역사는 1858년으로 거슬러 올라간다. 창업자의 할아버지는 독일 최초로 비누 생산 자격증을 받아 비누를 만들었다. 그리고 1948년 창업자의 손자가 캘리포니아에서 닥터 브로너스라는 보디케어 브랜드를 선보인다. 지금은 손자가 경영을 맡고 있다. 5대째 이어지는 가족 기업인 셈이다.

이 회사는 종교나 인종에 따른 차별이 없다는 올원(all-one)을 비전으로 내세우고 있으며 공정무역, 환경을 배려한 제품을 생산한다. 특히 유기농에 관한 한 철두철미하다. 유기농 인증 분야에는 '95퍼센트, 3km, 3년, 4번'이라는 법칙이 있다. 인증을 받기 위한 조건인데 첫째, 물과 미네랄을 제외한 제품의 모든 원료가 95퍼센트 이상 천연 성분이어야 한다. 둘째, 제품에 함유된 유기농 원료 재배 지역의 반경 3km 내에 화학 시설이 없어야 한다. 셋째, 3년 이상 재배된 유기농 원료를 사용해야 한다. 넷째, 국제적으로 검증된 유기농 인증기관이 연 4회 제조시설 실사를 진행해야 한다. 닥터 브로너스는 이 모든 조건을 충족시켜 미국 인증기관인 USDA의 인증을 받았다.

2018년에는 한 걸음 더 나아간다. 파타고니아 등과 함께 재생 유기농 인증(Regenerative Organic Certification)에 참여했다. 이는 USDA의 유기농 인증에서 한층 발전한 단계로 토양 건강, 동물 복지, 농장 노동자 및 농부의 경제적 안정성 보장을 위한 상세 기준이 추가된다. 명실 공히 전 세계 유기 농업의 최고 표준을 만든 것이다.

닥터 브로너스의 원료는 대부분 유기농 인증을 받은 소규모 농장에서 공정무역을 통해 공급된다. 소규모 농장과 직접적인 관계를 맺고 있는 것이다. 회사는 제품의 주원료를 재배하고 가공하는 농부와 근로자가 누군지 모두 알고 있다.

다른 제품에 비해 2~3배 고농축된 제품이란 점도 흥미롭다. 고농축 제품은 소비자에게는 낭비를 줄이고 환경적으로는 제조, 운송 과정에서 발생하는 온실가스 배출량을 감소시킨다. 단순히 용량만 비교하면 가격이 매우 비싸다. 그러나 고농축 제품이기 때문에 다른 제품보다 33~50

퍼센트만 쓰면 된다는 점을 감안하면 괜찮은 금액이다. 특히 생분해 가능한 제품이라 자연 친화적인 캠핑족, 등산족이 선호하는 브랜드로 자리매김했다.

2015년에는 B코퍼레이션에 가입했다. 이곳에 가입하려면 매년 기업이 사회적 책임을 얼마나 준수했고 그 이익을 사회에 나눴는지 평가받아야 하는데, 200점 만점에서 최소한 80점을 넘겨야 한다. 인증받은 회사의 평균값이 97점이었는데, 닥터 브로너스는 이 값을 훨씬 넘는 149점을 받았다.

제품 생산에만 행동주의 철학이 반영된 게 아니다. 브로너스는 이익의 3분의 1을 각종 사회단체에 기부한다. 일반적으로 사회사업 좀 한다는 기업들도 이익의 10퍼센트 또는 매출의 1퍼센트 정도를 기부에 쓴다. 이 수치가 넘어가면 회사 종업원의 불만이 새어나온다. 그런데 이 회사의 구성원은 그렇지 않다. 애초 브랜드의 철학에 동의하는 사람만 뽑기 때문이다. 물론 일방적인 희생을 강요하는 건 아니다. 가장 적은 급여를 받는 직원도 법정 최저임금보다는 20~30퍼센트 더 많이 받고 있다.

닥터 브로너스는 상장기업이라면 불가능한 가족 기업만의 특성을 보여주는 부분이 많다. 그렇다고 해서 이 사례를 외면할 필요는 없다. 각자 자기 회사의 입장에 맞춰 필요한 아이디어를 활용하면 된다. 사람들의 머릿속에 자신의 철학을 각인시키기 위해 강력한 퍼포먼스를 펼치는 것도 좋은 참조거리다.

우리의 고객은 누구입니까

브루독

핵심 고객에 집중하라

#탄소 네거티브 #세계 최초의 창업견, 브라켄

미국의 파리기후협약 탈퇴를 비판하기 위해 출시한 브루독의
"메이크 어스 그레이트 어게인" 맥주

탄소 네거티브는 배출하는 온실가스(주로 이산화탄소) 양보다 흡수하는 온실가스 양이 많은 상태를 일컫는 용어다. 이 개념은 마이크로소프트가 2030년까지 탄소 네거티브를 달성하겠다고 공표하면서 본격적으로 주목받기 시작했다. 마이크로소프트의 선언 이후 여러 기업이 앞다퉈 탄소 네거티브 선언을 하고 있다. 그런데 2020년 8월 영국의 맥주업체 브루독(Brewdog)이 탄소 네거티브를 선언한 게 아니라 달성했다고 발표해 눈길을 끌고 있다. 도대체 어떤 회사일까? 어떻게 한 것일까? 무엇보다 왜 한 것일까?

브루독은 양조를 뜻하는 '브루(Brew)'와 개를 뜻하는 '독(dog)'을 합쳐서 만든 브랜드다. 2007년 스코틀랜드에서 탄생한 이 회사는 2008년 영국의 유통업체 테스코(Tesco)가 실시한 맥주 콘테스트에서 1위를 차지했다. 수제 맥주 제조 역량만큼은 누구에게도 뒤지지 않는다는 것을 증명한 셈이다.

이 회사가 유명해진 이유는 입이 쩍 벌어지는 마케팅 활동 덕이 크다. 창업자는 제임스 와트, 마틴 디키 두 사람과 브라켄이란 이름의 견공(犬公)이다. 동물이 주주가 될 수는 없으니 법적으로야 창업자 명단에서 빠져 있지만 제임스는 브라켄을 '최고책임자'라 부르며 창업 멤버라 칭했다(브라켄은 2012년 죽었다). 견공을 창업 멤버에 포함시킬 정도의 특이함, 독특함이 흥미진진한 마케팅 활동으로 연결되면서 브루독은 순식간에 이름을 알리게 된다. 두 창업자는 맥주에 대한 자신들의 신념을 알리겠다며 탱크를 타고 런던 시내를 활보하기도 했다. 더 작은 용량의 맥주잔을 사용할 수 있게 해달라며 상대적으로 체격이 왜소한 사람들(난쟁이)을 앞세워 영국 국회의사당 앞에서 시위를 벌이기도 했다.

이들의 기행에 가까운 활동은 단순히 눈길을 끌기 위한 쇼 같지만 깊이 들여다보면 환경, 사회 등을 다루는 가치 소비와 기성세대 문화에서의 탈피를 추구하는 밀레니얼 세대 소비자들의 마음을 정확히 겨냥하고 있음을 알 수 있다. 탱크를 활용한 것 역시 맥주에 대한 그들의 신념을 알려 맥주는 뻔하다는 편견을 깨고 사람들이 수제 맥주에 열광하게 만들기 위함이었다. 더 작은 용량의 맥주잔을 도입하기 위한 수단으로 왜소증 환우들을 동원한 데 대해서는 호불호가 갈릴 수 있지만 차별에 대한 반발로 읽을 수 있다.

브루독은 2017년 미국이 지구 온난화를 막기 위한 파리기후협약에서 탈퇴하자 이를 비판하기 위해 '메이크 어스 그레이트 어게인(Make Earth Great Again)'이라는 맥주를 출시했다. 도널드 트럼프의 대선 슬로건인 '메이크 아메리카 그레이트 어게인(Make America Great Again)'을 풍자한 것이다. 맥주병에는 북극곰과 싸우는 트럼프의 모습이 그려져 있다. 환경 관련 국제 이슈를 제품과 연결한 것이다.

2018년에는 세계 여성의 날을 맞아 '핑크 IPA'를 4주간 출시했다. 원래 브루독의 주력 상품은 '펑크 IPA'다. 펑크를 핑크로, 포장 색깔을 핑크로 살짝 바꿨을 뿐 내용물을 똑같다. 이 상품을 여성 고객에게 20퍼센트 할인된 가격으로 판매했다. 여기서 20퍼센트는 동일한 일을 하는데, 단지 여성이란 이유만으로 남성보다 임금을 20퍼센트 덜 받는다는 연구 결과를 반영한 할인율이다. 판매 수익의 일부분은 성 평등 관련 NGO 단체에 기부했다.

압권은 탄소 네거티브 프로젝트다. 브루독은 6차례의 크라우드 펀딩을 통해 9500만 달러를 모았다. 이중 3900만 달러를 그린 프로젝트에 투자했다. 여기에는 250만 평 규모의 스코틀랜드 고원 부지에 숲을 조성하는 것도 포함된다. 이곳에 나무를 심고 80만 평 규모의 이탄지(泥炭地·peat land)를 복원하고 있다. 해안 습지와 배후 습지 등에서 잎, 나뭇가지 등 식물 잔해와 곤충 사체가 완전히 분해되지 못한 채 수천, 수만 년 동안 쌓여서 만들어진 유기물 토지가 이탄지다. 이탄지는 탄소 저장소 역할을 한다. 1미터 깊이의 이탄지가 만들어지는데 1000여 년이 걸린다. 이렇게 만들어진 이탄지는 식물이 광합성을 통해 얻는 탄소량의 2배를 저장할 수 있고, 일반 토양보다 탄소 저장량이 10배 이상 많은 것으로 알려져 있다.

브루독은 상품 제조와 운송 과정에서 배출되는 탄소를 줄이는 데도 심혈을 기울이고 있다. 맥주를 만들 때 쓰는 홉을 운반하는 데 쓰이는 연료를 줄이기 위해 아예 홉 농장 근처로 양조장을 옮겼다. 맥주를 배송할 때 쓰는 대형 트럭도 전기 트럭으로 바꿨다.

브루독에 품질은 기본 중 기본으로, 소비자 만족도에서 1위를 고수할 만큼 철저히 지키고 있는 사항이다. 기본기가 탄탄한 제품에다 MZ세대의 취향을 정확히 저격한 마케팅과 홍보 활동으로 브랜드를 알린다. 핵심 소비자층을 좁히면 좁힐수록 누가 내 고객인지 명확해진다. 그런 점에서 브루독은 가장 효율적인 마케팅 전략을 구사하고 있다.

꼬리에 꼬리를 무는 기획
나메가타 파머스 빌리지

고구마로 지방소멸을 막다
#고구마 박물관 #필립 코틀러 이론의 실사판

나메가타JA는 어떻게 죽어가는 시골 마을을
전 세계에서 찾아오는 지역 브랜드로 만들었을까?

시골은 쇠락하고 농업이 외면받는 현상은 비단 우리나라만의 일이 아니다. 고구마로 유명한 일본 나메가타 시도 상황은 다르지 않았다. 젊은이들은 도시로 떠나고, 마을 어르신들은 점점 나이가 들어간다. 당연히 농사짓기는 점점 힘들어진다. 말로만 듣던 지방 소멸이 머지않아 보였다. 해결책은 없을까? 나메가타 시의 JA전농이 나섰다. (JA전농은 우리나라의 농협과 비슷한 단체다). 나메가타 시의 JA전농은 고령화와 소외받는 농업이라는 이중고를 타개하기 위해 무엇을 해야 할지 고민에 고민을 거듭했다.

젊은이들이 농촌을 떠나다 보니 지역 내 아동 숫자도 줄어들어 곳곳에 폐교가 늘고 있었다. 나메가타 시도 예외는 아니었다. JA전농은 여기에 착안해 폐교 중 하나를 '고구마 테마파크'로 바꿔보기로 했다. 예로부터 나메가타는 고구마로 유명한 지역이니, 고구마로 승부를 보겠다고 선언한 것이다. 그러나 농사를 전문으로 하는 JA전농의 힘만으로는 아무래도 역부족이었다. 그래서 고구마를 상품화할 수 있는 기업을 찾았다. 시로하토(白鳩)라는 오사카 지역 식품 기업이 눈에 들어왔다. 그렇게 힘을 합쳐 2015년 가을에 세계 최초의 고구마 박물관인 나메가타 파머스 빌리지(行方 farmer's village)가 문을 열었다.

나메가타 JA전농은 왜 지역도 다른 오사카의 식품 회사에 파트너십 제안을 한 것일까? 시로하토의 역사는 1947년으로 거슬러 올라간다. 처음에는 아이스크림을 만들던 회사였다. 여름에는 장사가 잘되지만 겨울에는 판매 부진에 시달렸다. 겨울철 먹거리로 이것저것 살펴보다가 1970년 시장에 내놓은 상품이 고구마 가공식품이었다. 이 상품이 인기를 끌면서 회사는 안정 궤도에 오른다. 이후 오사카 지역에 "옛날부터 여성이 좋아하는 것은 고구마, 문어, 호박"이라는 속담이 있다는 것에 착안해 고구마, 문어, 호박 관련 상품에 집중했다. 오사카를 방문하는 관광객이라면 꼭 들른다는 도톤보리에 가면 커다란 문어로 장식된 간판이 걸려 있는 다코야키 집이 있다. 바로 시로하토가 운영하는 상점이다.

시로하토는 일본 고구마 가공식품 시장의 강자이기도 하다. 특히 고구마 맛탕 시장 점유율은 80퍼센트에 이른다. 2000년대 들어 시로하토는 고품질 원료를 확보하기 위해 고구마 직영 농장을 운영하고 협력 계약 농장망을 구축했다. 공급망은 미야자키현, 도쿠시마현을 비롯한 전국 각지에 흩어져 있다. 이를 통해 시로하토는 농업의 6차 산업화, 즉 생산(1차 산업), 가공(2차 산업), 판매(3차 산업)를 아우르는 라인을 구축했다. 나메가타 JA전농은 이런 점을 높이 평가해 시로하토에 협력을 요청한 것이다.

나메가타 파머스 빌리지는 12차 산업을 지향한다. 12차 산업이라니 무슨 뜻일까? 6차 산업화 외에 추가로 6가지에 집중하겠다는 의미다. 관광, 교육, 육아, IT농업, 교류, 지역 공헌이 바로 그것이다. 관광 수요를 창출하기 위해서는 그 지역만의 고유한 볼거리, 먹거리, 즐길거리가 있어야 한다. 나메가타 시의 핵심 아이템은 고구마와 고구마 박물관이다.

고구마 박물관에 입장해보자. 들어가자마자 5분 간 상영되는 애니메이션으로 고구마의 유래 등에 대해 설명해준다. 애니메이션이다 보니 어른들은 물론 어린아이들, 일본어를 모르는 외국인도 내용을 대략 이해할 수 있다. 애니메이션 상영이 끝나면 교실에 입장한다. 이곳이 재미있다. 고구마와 관련 있는 전 세계 유명인사가 자리에 앉아 수업을 받고 있다. 그중에는 면사포 비슷한 것을 쓰고 있는 미모의 서양 여성도 있다. 호기심에 누군지 살펴보면 나폴레옹의 부인 조세핀이다. 유럽에서는 고구마를 사랑했던 사람으로 조세핀과 루이 15세를 꼽는다. 갑자기 고구마에 대한 흥미가 급상승한다. 제대로 된 박물관은 이처럼 그 분야에 대한 '호기심'을 발동하게 만들어야 한다. 어차피 관련 정보는 인터넷에 널려 있다. 문제는 어떻게 관심을 갖도록 하는가다. 루브르박물관에 가서 모든 작품을 하나하나 살피는 것이 아니라 '〈모나리자〉라는 작품이 생각보다 훨씬 작구나', '박물관 앞에 있는 유리 피라미드는 비록 현대적인 건물이지만 루브르와 나름 어울리는구나'라고 느끼면서 흥미를 갖고 공부하도록 만드는 것이 더욱 좋은 것처럼 말이다. 그런 관점에서 고구마 박물관은 큰 성공을 거뒀다.

폐교를 허물고 멋진 건물을 지을 수도 있었을 것이다. 그렇지만 그렇게 하지 않았다. 박물관이 들어선 폐교 건물은 100년 넘는 전통을 갖고 있다. 지역주민에게는 어린 시절의 꿈이 서려있는 곳이다. 비록 내용물은 바뀌었지만 외관만큼은 그대로 보전해서 지역주민의 추억, 애정 같은 감정을 고스란히 보존하고 있다.

폐교에는 세미나실, 식당, 박물관, 가공 공장, 판매점이 들어서 있다. 세미나실은 우리가 흔히 떠올리는 그런 공간이다. 벽면에는 고구마를 생산하는 농부의 사진이 걸려 있다. 얼핏 봐서는 이곳과 계약 관계에 있는 농부 같은데, 설명을 들어보니 그게 아니었다. 이곳은 주변 지역 농가 300명이 출자한 생산법인이 운영하고 있다. 이 농부들이 일종의 주주인 셈이다. 이들은 이곳의 종업원으로도 일하고 있다. 고구마 박물관이 유명세를 타면서 이들 농부의 연소득은 1억 원을 넘어서게 됐다. 그러면서 도시로 갔던 젊은이들이 하나둘 농촌으로 돌아오기 시작했다. 자녀가 있어도 돌봄 걱정을 할 필요가 없다. 지역 유아원에서 모든 아이를 돌본다.

박물관 식당에선 고구마를 기본으로 한 스파게티, 피자, 디저트 등을 판매한다. 팜 투 테이블(farm to table), 즉 밭에서 딴 재료를 씻어서 바로 요리하니 신선하다. 가공 공장도 둘러볼 수 있다. 특히 고구마를 저장하는 냉동 창고가 흥미롭다. 영하 30도의 공간으로 방문객을 인도한다. 고구마가 얼마나 추운 시설에서 보관되고 있는지 직접 느껴보라는 의미다. 고구마 맛탕을 만드는 공장도 직접 볼 수 있는데, 이곳에는 창문이 없다. 방문객에게 보여주지 않겠다는 거다. 관계자는 "맛탕을 만들려면 고구마에 시럽을 뿌려야 하는데, 이게 잘 달라붙어 있도록 하는 기술이 바로 기업 비밀이기 때문"이라고 말했다.

박물관 관람을 시작할 때 모든 입장객에게 조그만 노트와 펜을 나눠준다. 그 안에는 깨알 같은 글씨로 각종 퀴즈 문제가 쓰여 있다. 관심을 갖고 박물관을 관람했다면 모두 답할 수 있는 수준의 문제다. 폐교의 특성상 '가르친다'에서 영감을 얻어 방문객을 즐겁게 하기 위해 마련한 이벤트다. 박물관 관람이 끝날 무렵 기념품점이 등장하는 것은 여느 박물관과 다르지 않다. 그런데 상점 한쪽에 고구마술을 파는 바(bar)가 운영되고 있다. 고급 호텔의 라운지 바만큼 화려하게 꾸며져 있다. 주변에는 화려한 분위기에 어울리는 고급스럽게 포장된 고구마 상품이 진열돼 있다.

폐교만 있는 것이 아니다. 명색이 파머스 빌리지 아닌가? 나름 고구마를 테마로 한 디즈니랜드를 꿈꾸고 있다. 부지 면적은 33만 제곱미터에 달한다. 고구마 밭, 임대 농장, 밤 숲, 딱정벌레의 숲 등 자연이 넘쳐나는 대지를 품고 있다. 조그마한 호수 옆에는 숙박, 캠프장 등 각종 체험시설이 모여 있다. 넓은 대지의 핵심 점포(Key tenant)가 폐교인 셈이다.

물론 지금에 이르기까지 위기도 있었다. 후쿠시마 사태 이후 끊임없이 악소문이 돌았다. 나메가타의 고구마에 방사능 유해물질이 있을 수 있다는 소문이 돌았다. 나메가타가 있는 이바라키현은 후쿠시마현 아래쪽에 있다. 과거에는 두 현을 합쳐 도키와(ときわ)라고 불렀다. 전라북도와 전라남도를 합쳐 호남 지방이라 부르는 것처럼 말이다. 돌파구가 필요했다. 아무런 문제가 없다는 실험 결과가 나와도 소비자에게 그 사실을 알리는 게 쉽지 않았다.

이에 도쿄에 있는 스카이트리를 활용하기로 했다. 2012년 여름에 문을 연 스카이트리는 634m 높이를 자랑하는 건물로 수족관, 쇼핑몰 등 다양한 즐길거리로 가득 찬 곳이다. 개업 3년 반 만에 관람객 2000만 명을 돌파할 정도로 매년 많은 사람이 찾는다. 이곳에 나메가타의 흙을 가져다가 고구마 밭을 만들자는 프로젝트를 기획했다. 이를 본 사람들이 '아, 이 정도로 자신있어 하는구나. 더 이상 방사능 오염 걱정은 안 해도 되겠구나' 하고 생각하지 않을까? '나메가타 농협 스카이트리 출장소'라고 명명된 이곳은 수족관 입구 옆에 있어서 지나가는 사람이라면 누구나 보게 된다. 이후 나메가타 고구마에 대한 악소문은 서서히 잦아들었다. 정면돌파가 통한 것이다.

필자가 나메가타 파머스 빌리지를 찾은 이유는 폐교 활용, 농촌 지원, 이익 창출이라는 면에서 어떻게 사회적 가치를 창출하면서 수익을 내는지 방법을 찾아보기 위해서였다. 이곳을 방문하고 나서 고구마에 대해 더 공부하고 싶다는 생각이 들었다. 알게 하고, 좋아하게 하고, 물어 보게 하고, 그러면서 궁극적으로 그 제품을 구매하게 하고, 구매한 사실을 자랑하게 한다. 필립 코틀러 교수가 《마켓4.0(Marketing 4.0)》에서 말한 '5A', 즉 인지(aware), 호감(appeal), 질문(ask), 행동(act), 옹호(advocate)를 실천하는 공간인 셈이다. 소비자 행동에 관한 가장 고전적인 이론은 AIDMA이다. 관심(attention), 흥미(interest), 욕구(desire), 기억(memory), 구매 행동(action)으로 이어진다는 개념이다. 마케팅 깔때기 이론도 있다. 인지(awareness), 친숙(familiarity), 고려(consideration), 구매(purchase)의 단계를 거치면서 구매 대상이 점점 좁혀진다는 이론이다.

인터넷의 등장과 함께 디지털 시대가 도래하면서 이 이론은 수정됐다. 2005년 일본 최대의 광고 대행사인 덴쓰(電通)는 AIDMA가 AISAS, 즉 관심(attention), 흥미(interest), 검색(search), 구매 행동(action), 정보 공유(share)로 바뀐다는 이론을 내놓았다. 검색과 정보 공유는 소비자의 적극적 행동이다. 수동적인 소비자가 능동적인 소비자로 바뀌었다는 의미다. 맥킨지는 2009년 '소비자 의사결정 여정'이라고 번역되는 '컨슈머 디시전 저니(consumer decision journey)' 모델을 선보였다. 소셜 미디어가 주도하는 디지털 시대에는 소비자의 정보 접근성이 과거에 비해 높다. 기업이 보유한 정보나 개인이 볼 수 있는 정보나 고만고만해졌다. 결국 소비자로 정보 권력이 이전했다고 볼 수 있다. 맥킨지는 새로운 단계로 초기 고려 후보군, 적극적 평가, 구매, 사후경험이라는 새로운 이론을 제시했다. 아울러 사후경험이 좋을 경우, 재구매 시 초기 고려 후보군부터 시작하는 것이 아니라 바로 구매로 이어지는 지름길을 이용하는데, 이것을 충성도 고리라고 명명했다. 이러한 이론을 총정리한 것이 필립 코틀러의 '5A'다.

나메가타 파머스 빌리지가 주창한 12차 산업 관점에서 필립 코틀러의 이론을 정리해보자. 이곳에서는 고구마를 재배하고, 가공하며, 판매한다. 관광과 교육은 고구마 박물관이 담당한다. 이곳에는 보육원도 있다. 어린아이가 있는 젊은이를 다시 농촌으로 끌어모으기 위한 수단이다. 파나소닉(Panasonic) 등 IT 회사와 협업해서 축산 환경을 개선하는 프로젝트도 진행하고 있다. "일본 농업을 멋지게 만들어보자"는 목표 아래 지역 주민, 농업인, 소비자와의 직접적인 교류가 펼쳐지고 있다. 이 자체가 지역사회 공헌이며 멋진 비즈니스 모델이다.

농촌을 돕는 것은 좋은 일이다. 이익까지 낸다면 더할 나위 없이 좋다. 내가 돕고자 하는 농촌 지역에서는 어떤 아이템이 강한지, 그 아이템을 활용해서 무얼 만들면 되는지, 6차 산업을 뛰어넘기 위해서는 어떤 장치를 추가해야 하는지, 진행하다가 부딪치는 어려움은 어떻게 극복해야 하는지에 대해 나메가타 파머스 빌리지는 잘 설명해준다.

나메가타 파머스 빌리지의 성공 모델이 알려지면서 이곳은 전 세계 농식품 관련 산업 종사자들로 붐비고 있다. 필자 역시 그곳에서 아프리카 국가 관계자들을 만났다. 이들은 수십 시간이 걸려 그곳을 방문했을 것이다. 그럴 만한 가치가 있다고 판단한 것이리라. 이것이 바로 나메가타 파머스 빌리지의 브랜드 파워다. 브랜드를 효율적으로 알리려면 광고보다 입소문이 효과적이다. 나메가타 파머스 빌리지의 '고구마 박물관'은 입소문 전략을 사용해 성공한 대표적인 사례로 자리잡았다.

머리부터 발끝까지 진정성
록시땅

L'OCCITANE
EN PROVENCE

최고의 브랜드 전략 진정성

#사회공헌의 살아 있는 교과서 #시어버터

진정성의 종합 패키지, 록시땅

핸드크림으로 유명한 록시땅(L'Occitane en Provence)은 1976년 올리비에 보송이 창업한 회사다. 마르세유의 조그마한 비누 공장이 출발점이다. 예전에는 프랑스 남부 지방을 옥시탕(Occitane)이라고 불렀는데, 여기에 정관사가 붙어 '록시땅'이 됐다. 그래서인지 록시땅이란 사명 뒤에는 항상 '프로방스의(en provence)'란 수식어가 달라붙는다.

외국 사람들은 '록시땅'이라고 해봐야 무슨 소리인지 그 뜻을 헤아리기 힘들다. 대신 뒤에 붙는 프로방스(en Provence)가 그 역할을 한다. 프랑스의 프로방스 지역은 대대로 눈부신 태양, 값진 토양, 평온함으로 유명하다. 그래서 많은 화가가 프로방스를 사랑했다. 아를의 고흐, 액상프로방스의 세잔이 대표적이다. 창업자 보송도 프로방스를 사랑했다. 브랜드를 록시땅으로 지은 것도 "프로방스 지역의 눈부신 태양과 값진 토양, 그리고 이곳에서 나는 산물들을 전 세계 사람들과 함께 나누고 싶어서"였다.

보송은 1980년 아프리카의 부르키나파소를 여행한다. 나이지리아 근처에 위치한 부르키나파소는 이탈리아만 한 면적에 인구 1800만 명 정도의 국가로, 아프리카의 대표적 빈국이다. 아프리카답게 뜨겁고 모래바람이 많이 불어 피부가 쉽게 건조해진다. 이곳 여성들이 자신과 아이들을 위해 시어버터를 바른 모습이 보송의 눈에 띄었다. 시어버터는 시어 나무 열매에서 생산된다. 생긴 모습이 버터와 닮았다고 해서 흔히 시어버터라고 불린다. 모래바람으로부터 피부를 보호하기 위한 원주민 나름의 아이디어가 담긴 비책인데, 보송은 여기에 착안해 이 원료를 기반으로 핸드크림을 만든다. 이 제품 덕분에 록시땅은 전 세계에 이름을 알리기 시작한다. 면세점에서 구할 수 있는 록시땅의 핸드크림은 바로 여기서 출발한 제품이다.

제품이 뛰어난 것과 경영을 잘하는 것은 다른 이야기다. 기업을 경영해본 경험이 없었던 보송은 사업이 커질수록 어려움을 겪었다. 결국 벤처캐피털에 경영권을 빼앗길 상황에 놓이게 된다. 제품 자체의 스토리는 독특했지만, 이를 경영 성과로 연결시킬 재주가 그에게는 없었던 것이다.

위기에 빠진 록시땅은 새로운 CEO로 레이놀드 가이거가 취임하면서 다시 한 번 도약한다. 가이거는 젊어서 사업으로 평생 놀고먹어도 될 만큼 큰돈을 벌었다. 큰돈은 때론 인생의 독이 되기도 한다. 가이거도 오랜 기간 무기력하게 보내면서 삶에 대한 열정마저도 식었었다. 그러다 친구의 소개로 만난 보송과 의기투합하게 되고, 보송은 회사를 그에게 넘겼다. 그래도 보송이 5퍼센트 정도의 지분을 보유하면서 상호보완 형태를 취하게 된다. 자연주의 화장품 개발에 평생을 바친 창업자 보송이 제품 개발을 맡고, 철저한 시장분석을 중시하는 가이거가 경영을 진두지휘하면서 쌍두마차 체제를 형성한 것이다. 두 사람은 환상적인 콤비를 이루면서 많은 칭송을 듣게 된다. 세간에서는 이렇게 평가했다. "록시땅은 2개의 뇌를 가졌다. 감성을 담당하는 우뇌는 크리에이티브 디렉터인 창업자 보송이고, 이성을 담당하는 좌뇌는 가이거다." 이후 경영은 순풍에 돛 단 듯 나아갔다. 2020년 기준 록시땅의 매출은 16억 4000만 유로에 달한다.

물론 모든 면에서 두 사람의 의견이 딱딱 맞아떨어졌던 것은 아니다. 보는 관점이 다르다 보니 서슬이 퍼렇게 각을 세우기도 했다. 시어버터 핸드크림을 놓고 격렬하게 부딪치기도 했다. 원료 생산지가 프랑스가 아닌 것이 문제였다. 가이거는 "프로방스가 아닌 곳에서 생산된 원료는 록시땅의 이미지와 맞지 않다"고 강조했다. 보송은 "아프리카의 가난한 여성이 생산하는 원료를 공정한 가격에 사는 것은 기업의 사회적 책임에 충실한 것"이라는 주장을 굽히지 않았다. 두 사람은 함께 원료 생산지가 있는 아프리카로 갔다. 현장에서 며칠 동안 토론한 끝에 "우리 제품은 자연주의를 표방한다. 우리 제품을 사랑하는 고객이라면 사회적 약자와 공정무역에 관심이 높을 것이다. 따라서 시어버터를 계속 구매하는 것이 기업 이미지 향상 및 매출 증대에 도움이 된다"고 결론을 내렸다.

2006년에는 록시땅 재단을 설립했다. 이 재단의 주요 활동 중 하나가 여성의 경제적 해방이다. 재단은 부르키나파소의 여성 인력을 돕기 위해 3가지 사업에 집중하고 있다. 첫째, 문맹률을 낮춤으로써 기본 기술 및 지식을 습득할 수 있도록 한다. 부르키나파소의 여성 5명 중 4명이 문맹인데 이를 해결하기 위해 문맹퇴치센터를 설립해 운영하고 있다. 둘째, 수익 창출 활동 교육을 통해 여성이 재정적으로 자립할 수 있도록 돕는다. 이를 위해 매년 원재료 구입 비용의 80퍼센트를 선지불하고 있다. 셋째, 소규모 기업의 창업을 돕는다. 예를 들어, 2003년에는 수확을 담당하는 여성을 중심으로 유기농 네트워크를 설립했다. 2009년부터는 이곳 여성들이 생산하는 시어버터에 공정무역 마크를 부여하고 전문적인 생산이 가능하도록 돕고 있다. 재단이 설립된 2006년부터 지금까지 1만여 명 이상의 여성 인력이 도움을 받은 것으로 집계된다.

재단의 또 다른 주요 활동으로 시각장애인 지원이 있다. 화장품 회사와 시각장애인. 언뜻 연관성이 없어 보인다. 록시땅이 시각장애인에 관심을 갖게 된 배경은 무엇일까? 어느 날 록시땅은 야외에서 임원 회의를 열었다. 남부 프랑스는 사계절 상관없이 따뜻한 햇볕과 상쾌한 바람을 맞이할 수 있는 지역이다. 마침 시각장애를 가진 어린아이들이 주변을 지나가다가 록시땅의 향기를 맡고 제품에 관심을 보였다. 이 광경을 지켜본 보송은 시각장애를 가진 사람도 록시땅 제품을 즐기게 해주고 싶다는 바람을 가졌다. 란셋 글로벌 헬스(Lancet Global Health)에 게재된 논문에 따르면 시각장애인은 3500만 명 정도다. 이는 전 세계 인구의 0.5 퍼센트에 해당한다.

화장품 회사가 시각장애인을 도울 수 있는 방법으로 어떤 것이 있을까? 제품에 점자를 표기하는 것, 시각장애인을 돕기 위한 별도의 대의 상품(cause product)을 마련하는 것이 떠오른다. 록시땅은 그렇게 했다. 1997년부터 용기에 점자 표기를 하고 한정판 제품을 만들어서 매출의 20퍼센트를 헬렌 켈러가 관여했던 시각 관련 비영리 기관에 기부했다.

점자 표기는 반드시 시각장애인만을 위한 것은 아니다. 눈에 문제가 없는 사람도 점자를 보면 그 순간만큼은 시각장애인 문제를 생각하게 된다. 점자를 만져보면서 자신의 시력에 감사하고, 시각장애인의 입장을 생각하는 과정을 통해 장애인과 함께하는 세상의 기초가 만들어지는 것이다.

록시땅은 좀 더 진도를 나갔다. 2001년 오르비스(ORBIS)와 제휴했다. 오르비스는 안과 관련 의료 혜택을 받기 힘든 개발도상국의 안과 질환 예방 및 치료를 목적으로 만들어진 NGO로, 흔히 '하늘을 나는 안과병원(flying eye hospital)'으로 불린다. 오르비스는 비행기 안에 수술실은 물론 회복실, 치료실 등 의료 행위에 필요한 모든 시설이 갖추고 전 세계 가난한 나라를 돌아다니며 의료 봉사를 하고 있다.

오늘날 기업과 지역사회의 관계는 매우 중요하다. 라젠드라 시소디어 벤틀리대학 교수는 《위대한 기업을 넘어 사랑받는 기업으로(Firms of Endearment)》라는 책을 발간하면서 'SPICE'를 강조했다. 사회(Society), 협력업체(Partner), 투자자(Investor), 고객(Customer), 종업원(Employee)의 머리글자를 묶은 것이다. 그는 "맛있는 음식에는 좋은 양념이 필요하듯, 사랑받는 기업이 되기 위해서는 이해관계자 모두의 혜택이 조화를 이루어야 한다"고 주장한다. 기업의 일생을 돌이켜보자. 사업을 시작할 때 자기 돈으로 하는 사람은 거의 없다. 대부분 투자와 융자를 받는다. 그러려면 이익을 낼 수 있는 사업 계획을 제시해야 한다. 그래야 투자자의 투자를 받을 수 있다. 이익을 내려면 고객이 제품이나 서비스를 구매해야 한다. 1980년대 이후 고객 만족, 진실의 순간(MOT, Moment of Truth)이란 용어가 부상했다. 고객과 처음 대면하는 15초가 중요하다는 스칸디나비아항공 CEO 얀 칼슨의 명언이 알려지면서 고객 만족이 기업 성과, 즉 이익과 밀접한 관계가 있음을 깨닫게 되었고, 고객 만족 관련 이론이 경영학의 주류로 자리 잡았다.

1990년대 말부터는 GWP(Great Work Place), 일과 삶의 균형을 이야기하면서 노동자의 만족에 대한 관심이 커졌다. 고객 만족도 결국 고객과 회사의 접점인 매장 노동자의 태도가 관건이기 때문에 직원의 만족이 기업 성과를 좌우한다는 이론이 등장한 것이다. 이 외에 협력업체와 지역사회에도 다른 이해관계자 못지않게 관심을 갖고 배려할 줄 알아야 제대로 된 경영을 할 수 있다는 것이 그의 핵심 논리다.

이 점에서 록시땅은 벤치마킹 대상이다. 공장이 있는 지역에 박물관을 짓는다. 공장 및 박물관 투어 코스를 개발한다. 여기까지는 다른 기업들도 많이 하고 있다. 록시땅 본사 가까운 곳에 버려진 수도원이 있었다. 역사를 살펴보니 나름 유서 깊은 곳이었다. 이를 호텔로 개조하고 멋진 스파를 만들었다. 아울러 열기구 업체와 제휴해 록시땅 브랜드의 열기구 관광사업을 개발했다. 여행업체와 제휴해 프로방스 맞춤 여행도 선보였다. 2011년에는 〈판타스틱 프로방스〉라는 웹 매거진을 선보였다. 이 잡지는 전 세계 사람들과 프로방스에 대한 문화와 정보를 공유하고 있다. 프로방스의 먹거리, 호텔, 스파, 문화, 패션, 자연에 대한 기사로 가득하다. 이 정도면 프로방스 문화개발청이 할 일을 도맡아 하는 게 아닌가 싶을 정도다. 지역사회에 기여하겠다는 진정성이 느껴진다.

록시땅의 수익 원천은 무엇일까? 흥미롭게도 록시땅 재단이라고 창업자는 이야기한다. 재단은 돈을 버는 곳이 아니다. 그런데 어떻게 수익의 원천이 되는 것일까? 재단 활동을 강화하면 강화할수록 그만큼 록시땅의 뿌리와 진정성이 소비자들에게 브랜드 진정성으로 전달된다. 브랜드만의 독특한 철학과 가치가 강화되면 그만큼 경제적인 이윤 창출로 연결된다는 논리다. 록시땅은 지역사회, 원료 조달국 지원, 시각장애인 지원을 테마로 사회와 관계를 맺고 있다. 한 걸음 한 걸음 나아가는 모습이 한순간에 모든 것을 해내려는 것보다 훨씬 믿음직스럽다. ESG 아이템, 즉 수행하는 활동의 숫자는 산술급수로 증가하지만, 브랜드 가치는 기하급수로 올라간다. 그래서 록시땅의 ESG 활동은 효율성의 교과서라 할 수 있다.

이익이라는 기본을 기억하라

리플푸드

Dairy-Free. As It Should Be.™

가격과 환경 두 마리 토끼를 잡다

#대체 우유 #애덤 로리

메소드를 성공시킨 애덤 로리는
친환경이면서도 수익성이 뛰어난 대체 우유 브랜드, 리플푸드를 내놓았다.

우유가 몸에 좋다는 것은 누구나 아는 사실이다. 그런데 최근 우유 생산을 두고 우려 섞인 말들이 나온다. 우유를 생산하는 소가 메탄가스를 대량 배출하기 때문이다. 영국의 싱크탱크 채텀하우스(Chatham House)가 발표한 〈가축-기후변화의 잊힌 부문〉이라는 보고서는 "육류와 유제품 소비는 기후변화의 주요 요인"이라고 꼬집으며 "지구 온도 상승을 2도 이하로 제한하려면 식습관 개선이 필수적"이라고 강조했다. 지구 온난화가 발생하는 데 교통수단보다 가축이 더 큰 영향을 끼친다니 충격적이다.

축산업은 메탄과 아산화질소 발생의 주요 원인으로 지적받고 있다. 거름과 비료는 아산화질소를 발생시키고, 소나 염소 같은 반추동물이 먹이를 되새김하는 과정에서 나오는 방귀와 트림은 메탄가스 발생의 주요 원인으로 꼽힌다. 유엔 식량농업기구(FAO)의 조사에 따르면 닭, 돼지, 소를 포함한 축산업의 온실가스 배출량 비중은 14.5퍼센트인데, 이 중 소와 염소가 3분의 2를 차지하고 닭, 돼지 등이 나머지를 차지한다. 우유와 소고기를 대체할 성분 개발이 환경보호라는 측면에서 중요해지는 이유다.

가장 먼저 관심을 끈 것은 식물성 고기다. 2019년이 기폭제였다. 이 분야에서 선두를 달리는 비욘드 미트(Beyond Meat)가 2019년 기업가치 15억 달러의 기업가치를 인정받으며 나스닥에 상장한다. 비슷한 시기에 비욘드 미트의 경쟁사인 임파서블 푸드(Impossible Foods)와 버거킹(Burger King)이 제휴하면서 임파서블 와퍼(Impossible Whopper, 버거킹의 주력 버거인 와퍼의 대체고기 버전)가 출시됐다. 현재 대체고기는 스타트업의 뜨거운 감자 중 하나가 됐다.

그다음으로 각광받는 분야는 식물성 우유다. 식물성 우유의 종류는 다양하다. 콩 외에 아몬드, 코코넛 등 다양한 제품이 원료로 쓰인다. 여러 회사가 있지만 그중에서도 리플푸드(Ripple foods)가 눈에 띈다. 초창기부터 구글과 실리콘밸리 벤처캐피털에서 4400만 달러를 투자받은 회사다. 도대체 어떤 회사일까?

'어떤 사업을 하는가'보다 '누가 사업을 하는가'가 훨씬 중요할 때가 있다. 앞서 잠깐 소개했지만 리플푸드는 친환경 프리미엄 세정제 시장을 주도하고 있는 메소드의 창업자 애덤 로리가 재생 가능 연료나 말라리아 약을 제조하는 아미리스(Amyris)의 창업자 닐 렌닝거와 함께 2014년 설립한 벤처기업이다. 리플푸드는 콩으로 우유를 만들지만, 두유와 달리 콩 특유의 냄새가 거의 나지 않는다. 바로 이 점이 눈길을 끌었다. 구글이 투자한 것도, 이후 골드만삭스가 추가 펀딩에 참여한 것도 같은 이유에서였다.

리플푸드라는 이름도 예사롭지 않다. 로리가 처음 만든 회사의 이름은 메소드(Mehtod, 방법이라는 뜻)였다. 물론 대표 상품도 같은 이름이다. 세제 브랜드임에도 불구하고 브랜드에 세제를 뜻하는 단어가 전혀 포함되지 않았다. 이름을 이렇게 지은 이유는 무엇일까? 깨끗하게 만들수 있는 '방법'을 담았음을 강조하기 위해서였다. 리플푸드는 '잔물결(ripple)'이 아니라 리플 이펙트(ripple effect), 즉 파급 효과에서 브랜딩 아이디어를 얻었다고 한다. 변화를 이끌어내겠다는 의지를 담은 브랜드다.

어떤 변화일까? 지금까지 친환경 제품은 친환경론자만 대상으로 했다. 환경 의식이 철저한 소비자가 비록 가격이 비싸더라도 환경보호를 위해 기꺼이 구매하는 형태로 사업이 유지됐다. 로리는 이런 방식으로는 지속가능한 비즈니스가 불가능하다고 봤다. 모두를 위한 친환경 제품, 가격 경쟁력도 충분한 제품을 만들어야 진정한 비즈니스가 가능해질 것이라고 본 것이다. 경제적 이익을 위해 사회적(환경적) 이익을 포기하거나 사회적(환경적) 이익을 위해 경제적 이익을 포기한다면 이는 올바른 답이 아니다.

리플푸드도 사업 초창기에는 비슷한 경험을 했다. 단백질 공급원을 미국에서 구할 수 없어서 결국 프랑스에서 원료를 조달해야 했는데, 관세와 운송료 등 추가 비용이 발생했다. 수익 구조를 갖추기 위해서는 미국에서 원재료를 수급할 수 있어야 했다. 각고의 노력 끝에 미국에서 적합한 원료를 찾았다. 사회적(환경적) 이익 증대(국제 운송에 따른 연료 낭비 방지)와 경제적 이익 증대(조달 원가 감소)를 동시에 달성한 것이다.

먹거리 사업에서 놓쳐서 안 되는 것이 있다. 바로 '맛'이다. 친환경이니 뭐니 아무리 이야기해도 맛이 없으면 팔리지 않는다. 우유에 가까운 맛을 낸다는 점은 분명 리플푸드만의 강점이다. 맛을 잡았으면 그다음에 잡아야 할 것은 '영양'이다. 식물성 우유는 일반 우유보다 단백질이 부족하다. 그러나 완두콩이 주원료인 리플푸드는 다르다. 제품 패키지에 '단백질 함유 8g', '우유 대비 당분은 절반, 칼슘 함유는 1.5배'라고 명시되어 있다. 여기에 환경적 요소까지 잡았다. 온실가스 배출량은 물론이고, 물 사용량 등 각종 환경적 측면에서 탁월한 역량을 갖췄다. 모든 면에서 매력적인 제품이 아닐 수 없다.

리플푸드는 2016년 오리지널, 오리지널 무당, 바닐라맛, 초콜릿맛 4종류의 넌밀크(non milk) 제품을 홀푸드(Wholefoods) 매장에서 출시했다. 정확한 판매량은 알려지지 않았지만, 연간 판매량 250만 병, 연 매출액

2000만 달러를 기록한 것으로 알려져 있다. 대체고기, 대체우유 시장은 아직 고기, 우유 시장 규모의 1퍼센트 정도를 차지하는 데 머물러 있다. 100명 중 99명은 기존 고기, 기존 우유를 먹고 있는 셈이다. 시장성이 없어 보인다고 말할 수도 있지만, 시각을 조금만 바꾸면 무궁무진한 가능성이 있는 시장이라 말할 수도 있다. 친환경은 적합성, 일관성의 영역이다. 여기에 가격경쟁력을 겸비해 효율성까지 갖춘다면 블루오션의 강자가 될 수 있다. 리플푸드는 ESG 시대에 걸맞은 브랜드의 모든 요소를 가지고 있다. 자본가들이 돈을 대겠다고 줄을 서는 이유다.

눈높이를 올려라
푸마

공급사슬 개혁

#푸마 부활을 이끈 환경회계

Complete results and the story behind PUMA's E P&L - the first ever attempt to measure, value and report the environmental externalities caused by a major corporation and its entire supply chain

PUMA's Environmental Profit and Loss Account for the year ended 31 December 2010

푸마는 비즈니스의 전체 공급망에 걸친 환경 영향력을 최초로 금전적 가치로 계산한 환경손익계산서(EP&L, Environmental Profit and Loss)를 발표하였다.

푸마(Puma)는 세계최초로 환경회계를 도입한 것으로 유명하다. 푸마는 환경회계를 통해 사업 리스크를 줄이고 원료 절감 요구를 당당히 할 수 있는 대의명분도 챙겼다. 단순히 성과를 측정하고 관리하는 일만 하는 일반회계에서는 얻을 수 없는 쾌거였다.

스포츠 운동화 시장을 살펴보자. 1924년 다슬러 형제가 출범시킨 신발 공장은 1948년 아디다스(Adidas)와 푸마로 갈라진다. 푸마는 이후 마케팅에서 밀리면서 세가 약해졌고, 1970년대 나이키(Nike), 1980년대 리복(Reebok)이 세계시장을 선도했다. 1990년대에는 나이키, 아디다스, 리복이 시장을 3등분했다.

이런 위기 속에서 푸마의 구원투수로 등장한 인물이 요헨 자이츠다. 1990년 푸마에 합류한 그는 1993년 '독일 기업 역사상 최연소 CEO'라는 타이틀을 달고 푸마를 지휘하게 된다. 자이츠의 나이 서른 살 때의 일이다. 1단계는 구조조정, 2단계는 브랜드 리포지셔닝, 이후 본격적으로 수익성을 제고한다는 총 3단계 생존 전략이 성공을 거두면서 푸마는 기사회생에 성공했다. 2007년 케링그룹에 합병되는데, 케링그룹은 구찌와 발렌시아가를 필두로 다양한 럭셔리 브랜드를 갖고 있는 회사다. 이 합병은 푸마의 브랜드 가치가 그만큼 격상되었음을 의미한다.

이렇게 경영 안정을 찾게 된 푸마는 2008년 '푸마비전(PUMAVision)'을 발표한다. 매출과 손익을 넘어 품격있는 경영으로 도약하겠다는 의지의 표명이었다. 이를 위해 공정(fair), 정직(honest), 긍정(positive), 창조(creative)를 주요 원칙으로 하는 프레임워크를 만들었다. 그러다 보니 '손익'이라는 화폐적 가치가 아닌 새로운 잣대로 성과를 평가해야 할 필요성이 생겼다.

오늘날 흔히 쓰는 회계기준은 몇 가지 문제점이 있다. 첫째, 화폐 측정의 문제다. 기업이 수행하는 거래는 오직 그 기업이 속한 국가의 화폐로만 표현된다. 이런 전제에 따르면 대기 중으로 발산된 탄소량이나 직원의 안전과 건강, 복지 수준은 회계적으로 다룰 수 없다. 둘째, 기간의 문제다. 일반적으로 회계에서 확정하는 기간은 분기나 회계연도로 표현된다. 하지만 현실적인 문제, 그러니까 기업윤리나 사회적 가치, 환경과 관련된 이슈들은 대개 수년 내지 수십 년에 걸쳐 평가해야 하는 경우가 부지기수다.

《복식 기장(Double entry)》의 저자, 제인 글리슨 화이트는 이렇게 주장했다. "1990년대에 한창 잘나가던 거대 에너지 기업 엔론은 2001년 속절없이 무너졌다. 2008년에는 전 세계 금융시장이 붕괴 직전으로 치달았다. 이 모두가 심각하게 왜곡된 기업 회계가 빚어낸 비참한 결과다."

그래서 푸마는 2011년 세계 최초로 환경손익계산서(EP&L)를 발표했다. 그 대상에 본사 사업은 물론, 공급사슬(supply chain)에 있는 모든 회사를 포함시켰다. 나이키건 푸마건 스포츠 의류 브랜드는 디자인과 마케팅만 하지 직접 제품을 생산하지 않는다. 생산업체들은 1차 하청업체다. 이들은 또한 자수나 운동화 깔창을 2차 하청업체로부터 조달받는다. 무두질한 가죽을 만드는 업체는 3차 하청업체고, 면 재배 등 원재료를 생산하는 업체는 4차 하청업체가 된다.

환경 부문도 수자원 이용, 온실가스 효과, 토지 이용, 대기 오염, 폐기물 이렇게 5항목으로 분류해 회계 자료에 포함시켜 발표했다.

발표 결과를 보자. 전체 금액은 1억 4500만 유로인데, 이는 같은 해 푸마가 올린 수익의 절반 정도에 해당한다. 생각보다 큰 금액이다. 이런 현상은 다른 산업에서도 똑같이 나타난다. 예를 들어 대다수 컴퓨터 제조업체가 손익 계산을 할 때 원자재 처리와 생산, 물류, 폐기, 재활용, 탄소 배출 그리고 물과 쓰레기 이동에 따른 비용은 고려하지 않는다. 이 금액을 고려하면 데스크톱 컴퓨터의 진정한 원가는 소매가보다 14퍼센트, 노트북 컴퓨터는 6퍼센트 정도 더 높아진다.

흥미로운 건 푸마가 발표한 금액 중 푸마가 직접적으로 영향을 미친 금액은 800만 유로에 불과하다는 사실이다. 채 6퍼센트가 안 된다. 나머지는 모두 하청업체에서 발생한 금액이다. 특히 3, 4차 하청업체로 갈수록 비중이 컸다. 4차 하청업는 농업처럼 자연을 직접 상대한다. 환경에 영향을 미치는 비중이 큰 게 당연하다. 푸마의 자료에 따르면 3차 업체가 19퍼센트, 4차 업체가 57퍼센트라고 한다.

물론 단순히 수치만 계산해선 의미가 없다. 개선 조치를 취해야 한다. 공급사슬에서 환경적으로 어떤 문제가 있는지 살폈다. 먼저 지적된 분야가 신발 가죽이었다. 신발을 만드는데는 소가죽이 사용되는데, 소를 키우기 위해선 사료가 필요하다. 사료를 생산하는데는 엄청난 양의 물이 소요된다. 그래서 소가죽이 아닌 다른 소재를 찾기로 했다. 결국 1년 후, 대체 재생 소재를 원료로 한 신발을 선보일 수 있었다.

푸마는 이런 과정을 통해 공급사슬이 환경에 미치는 영향을 줄여 나갔다. 다시 말해 푸마는 그만큼 자신들의 사업 리스크를 줄였다. 왜 소가죽이 아닌 대체 가죽을 사용해야 하는지 명분을 알리고, 그 명분으로 환경보호를 중요하게 생각하는 새로운 소비자들의 지지도 끌어낼 수 있었다. 여기에 추가적으로, 대체 원료를 저렴하게 구입할 수 있도록 관세 인하를 요구할 명분과 정부에 정정당당하게 로비할 수 있는 명분도 생겼다.

환경회계는 그 자체만으로도 충분히 의미가 있다. 기존 회계 시스템이 해결할 수 없는 문제를 꽤 많이 보완해주기 때문이다. 하지만 어차피 할 거라면 비즈니스와 연관시키면 금상첨화 아닐까? 효율성과 대의명분 두 마리 토끼를 동시에 잡는 푸마처럼 말이다.

월마트의 돌팔매질에 무너진
유통업계의 골리앗 K마트

지금은 유통업계의 거인으로 월마트(Walmart)를 꼽지만 1960년대만 하더라도 최강자는 K마트(Kmart)였다. 누가 봐도 K마트가 골리앗, 월마트가 다윗이었다. 역사에선 월마트는 골리앗 방식으로 싸우지 않아서 이길 수 있었다. 거추장스러운 갑옷을 벗어던지고 돌팔매질에 집중한 결과 골리앗을 무너뜨릴 수 있었다. 월마트의 돌팔매는 '네트워크 구축'이었다. K마트가 이 사실을 깨달았을 때는 이미 따라 할 수가 없는 지경이었다. 이미 분권화된 시스템이 굳건하게 자리 잡았기 때문이다.

1962년은 미국 유통업 역사상 특이한 해다. 소비자들의 쇼핑 방식 및 가격에 대한 고정관념을 파괴한 3대 할인업체 K마트, 월마트, 타깃이 탄생한 해이다.

K마트의 역사는 1899년으로 거슬러 올라간다. 세바스티안 크레스지가 시카고에 S.S. 크레지스(K마트란 그의 성 첫 글자에서 따온 것이다)라는 할인잡화점을 열었다. 사업 거점을 도시에서 교외로 확장하면서 1962년 K마트라는 이름의 대형 할인 매장으로 변신했다. 월마트의 창업자 샘 월튼도 이

러한 흐름을 읽고 아칸소주에 조그마한 할인매장을 열었다. 타깃은 1902년부터 백화점을 운영해온 데이튼허드슨 기업이 모체(母體)다. 백화점만으로는 유통업의 변화에 대응하기 힘들 것으로 판단하고 할인점이란 새로운 업태에 뛰어든 것이다.

월마트, K마트, 타깃의 3파전 이야기는 경영 사례로도 유명하다. K마트가 2002년 파산을 선언하면서, 월마트와 경쟁했던 K마트는 몰락했고 독자적인 길을 걸었던 타깃은 차별화에 성공해서 살아남았다는 게 핵심 줄거리다. 하지만 출발할 땐 K마트가 골리앗이었고 월마트는 다윗에 불과했다.

K마트는 1980년대 중반까지도 업계 선두 주자로서 큰 어려움 없이 시장을 지켜왔다. 실제로 1987년 연간 매출액은 240억 달러로 월마트보다 50퍼센트 이상 앞섰다. 1990년대 들어 월마트가 추월하기 시작했고, 급기야 1996년 월마트의 매출액은 1050억 달러로 K마트의 4배나 되었다.

K마트의 몰락을 보는 시각은 다양하다. '매출 성장률이 하락하고, 월마트 같은 경쟁자의 추격이 거세지자 다급한 마음에 스포츠용품은 물론, 서적, 사무용품 매장을 등을 인수하며 공격적인 확장 전략을 구사한 끝에 다각화에 쏟아부은 자금 부담으로 기존 매장에 대한 투자를 소홀히 하면서 2002년 파산했'고 보는 시각이 있다. 그러나 매출 성장률이 하락하고 경쟁자의 추격이 거세진 원인을 찾아야 제대로 된 분석이다. 위의 시각은 이런 점을 간과했다.

'1976년 K마트는 미국 전역에 271개 매장을 보유하며 할인점의 강자로 군림했다. 경영진은 이제 시장이 포화 상태라고 판단하고 음식점, 비디오 대여점 같은 기존 사업과 전혀 무관한 분야로 사업을 확장했다. 그사이 경쟁자 월마트가 유통 시스템을 혁신하며 추격해왔고, 결국 K마트는 주도권을 뺏기고 말았다'고 보는 시각도 있다. 경쟁자는 유통 시스템을 혁신했는데, 왜 K마트는 혁신하지 못했을까를 이야기해야 한다.

<워싱턴 포스트>는 'K마트 일선 매장의 컴퓨터 시스템이 낡아 소비자들이 선호하는 상품과 비인기 상품에 대한 품목별 재고 관리가 엉망이며, 소비자에 대한 서비스가 떨어지고, 매장이 불결하고, 가격 경쟁력마저 갖추지 못했다는 점을 지적했다.' 이것은 전략이 아니다. 운영에 관한 이야기일 뿐이다. 이는 선택의 문제가 아니라 당연히 해야만 하는 사항이다. 과연 K마트가 이런 것조차 제대로 못 하는 기업이었을까? 그런데도 한때나마 업계 1위를 할 수 있었을까? 분석 자체에 의심이 간다.

원인이 무엇이었을까? 월마트가 역사가 길었나? 아니다. 규모가 컸나? 아니다. 그런데 어떻게 이겼을까?

월마트는 할인 유통업에 대한 관점을 바꿨다. 할인 유통업은 마진이 작은 만큼 회전율이 높아야 한다. 따라서 인구가 밀접된 대도시에 있어야 했다. 시골에 할인점이 있다는 것은 말이 안 된다. 시골에 물건 사러 올 사람이 얼마나 있겠는가? 하지만 월마트는 네트워크를 통해 효율성을 극대화하는 방법을 발견했다. 현재 공급사슬 관리로 널리 알려진 이 방법은 1984년에는 예상을 뛰어넘는 전략으로 다윗의 돌팔매 같은 역할을 했다.

"종합 할인점을 운영하려면 최소 10만 명의 인구 기반이 필요하다." 이는 업계의 상식이다. 그래서 K마트는 대도시로 갔다. 반면 월마트는 대도시에서 이들과 싸울 힘이 없었다. 덩치 큰 기업들이 눈여겨보지 않는, 할인점 업태가 등장할 수 없다고 결론을 내린 소규모 도시에만 진출할 수 있었다. 하지만 월마트의 역량은 독립 매장 자체가 아니었다. 150개 매장으로 구성된 네트워크였다. 150개 매장으로 구성된 지역 네트워크는 100만 명이라는 인구

기반을 확보할 수 있었다. 월마트 개별 매장은 협상력도 없고, 선택할 수 있는 옵션도 제한되어 있다. 기본적인 경영 단위도 매장이 아니라 네트워크였다. 이 네트워크를 통해 물류와 관리가 총체적으로 이뤄졌다.

오랫동안 분권화의 원칙을 고수해온 K마트는 각 지점장에게 제품 라인과 공급업체, 가격을 결정할 수 있는 권한을 줬다. 분권화가 되면 매장별 맞춤 서비스 제공, 매장 단위로 주인의식 강화 등이 가능해진다. 반면 구성 단위의 분열을 피할 수 없다. 별도로 공급업체와 협상하고, 학습 결과를 공유하지 못하는 매장들은 통합적 네트워크의 혜택을 누리지 못한다.

K마트를 비롯한 모든 업체가 분권화된 시스템을 운영한다면 크게 문제될 것이 없다. 하지만 샘 월튼의 통찰력이 분권화된 구조를 약점으로 만들어버렸다. 새로운 기술이라면 다소 늦은 감이 있더라도 받아들이면 된다. 방만한 경영이 문제라면 뒤늦게라도 추스르면 된다. 하지만 '집중화 vs 분권화'는 기업 문화, 경영철학 차원의 이야기다. 쉽게 바뀌지 않는다. 파산할 수준에 도달해야 비로소 깨우치게 된다.

참고문헌 : 《전략의 적은 전략이다(Goood strategy bad strategy)》, 리처드 루멜트

5부

당위성, 다 함께 파도를 타자

당위성이란 무엇인가? '구슬이 서 말이라도 꿰어야 보배'라는 속담처럼 기업의 철학을 실제 행동으로 옮기는 것, 브랜드의 다양한 접점에서 고객이 직접 기업의 철학을 경험하도록 만드는 것을 말한다.

콘돔이 가난과 기후변화의 해결책이 될 수 있을까? 있다. **서스테인내추럴**이 그 답을 제시한다. 피자를 만들 때 환경을 생각하는 브랜드는 어떤가? 베트남의 **피자포피스** 이야기를 들어보자. 커다란 변화도 출발은 미약하기 마련이다. **사우스센트럴재단**의 변화는 고객을 '커스토머 오너'라고 부른 것에서 시작했다. **비달 사순**은 비즈니스의 개념을 재정의하며 업계 종사자의 지위를 향상시켰다.

사회적 약자를 도움의 대상이 아닌 채용의 대상으로 보는 기업들도 있다. 이들이 어떤 행동을 취하면서 ESG 브랜드로 자리매김했는지 살펴보자. 내부 고객, 즉 종업원을 위한 한 기업의 조치에 외부 고객도 만족해 신규 사업으로 발전한 **오아시스 솔루션**의 사례는 흥미롭다.

주주와 고객에서 종업원, 나아가 협력업체, 지역사회까지 이해관계자의 영역을 확대하여야 한다. 고객 로열티 뿐만 아니라 직원 로열티, 투자자 로열티까지 추구하는 **칙필레이**의 사례에서 교훈을 찾아보자.

행동하는 브랜드가 사랑받는다
서스테인내추럴

sustain®
NATURAL

여성과 환경을 위한 콘돔

#아빠와 딸이 만든 비건 콘돔 #미카 홀랜더

아빠와 딸이 만든 '비건 콘돔'

아빠와 딸이 함께 콘돔 회사를 차리면 어떤 느낌일까? 좀 쑥스럽지만 어쩌면 이 또한 편견일지 모른다. 뜻이 맞으면 얼마든지 함께할 수 있다. 세븐스제너레이션을 이끌던 제프리 홀랜더와 그의 딸 미카 홀랜더의 콘돔 브랜드를 소개한다.

제프리는 2009년 세븐스 제네레이션 대표를 겸직하면서 미국 지속가능비즈니스협회(the American Sustainable Business Council)를 창설한다. 2010년에는 그린피스 미국 지부 공동의장으로 지명된다. 그는 경제적 가치 외에 사회적·환경적 가치의 중요성을 잘 알고 있는 인물이다. 제프리의 딸 미카는 아빠가 세븐스 제네레이션을 운영할 때부터 회사를 유심히 살폈다. 회사는 꽤 오래전부터 여성을 위한 유기농 탐폰을 팔고 있었다. 유기농 탐폰은 미카의 어머니, 즉 제프리의 부인이 제안한 사업이다. 친환경 제품에 대한 관심이 높았던 미카는 2014년 뉴욕대학교 비즈니스스쿨을 졸업하자마자 아버지와 함께 서스테인 내추럴(Sustain natural)이란 친환경 성(性) 제품을 만드는 회사를 설립했다. 이 회사의 대표적인 상품은 콘돔, 윤활제 등이다.

그런데 하필이면 왜 콘돔일까? 이들 부녀는 콘돔을 피임 도구로만 여기지 않았다. 배고픔, 질병, 가난, 그리고 기후변화와 콘돔 사이에 연결점이 있다고 본 것이다. 이들 부녀는 콘돔을 통해 이러한 사회적·환경적 문제를 해결할 수 있다고 선언했다. 하나하나 자세히 살펴보자.

이 회사의 콘돔은 기존 콘돔과 결이 다르다. 다른 브랜드의 꽤 많은 종류의 콘돔에선 발암성 물질로 분류되는 니트로소아민이 검출된다. 어느 정도 검출되는가 하면 2010년 세계보건기관과 유엔 인구기금이 콘돔 제조업체에 니트로소아민 사용을 최소한으로 억제하라고 경고할 정도였다. 그럼에도 불구하고 여전히 많은 제조사가 니트로소아민을 사용하고 있다.

하지만 서스테인 내추럴의 제품은 그렇지 않다. 화학적으로 안전하다는 뜻이다. 미카는 "여성의 몸속에 들어가는 제품이다. 어떻게 화학적으로 불안한 첨가물을 넣겠는가?"라고 반문한다. 콘돔이 들어가는 여성의 신체 부위는 평소 3.5~4.5ph 정도의 약산성을 유지한다. 이 균형이 깨지면 염증이 발생할 위험성이 높아진다. 그래서 서스테인 내추럴의 모든 제품은 약산성 상태로 제조된다. 향료 등 굳이 필요 없는 재료는 사용하지 않는다. 소재인 천연고무는 공정무역 제품만 쓴다. 인도 남부에 있는 고무 생산 공장 근로자들은 적정한 임금을 지급받고 있으며, 아동노동은 당연히 없다(콘돔의 원료인 고무나무 가공 공장에선 여전히 아동노동 및 열악한 노동 환경 문제가 지속적으로 발생하고 있다). 이 외에도 제품 패키지에 재활용 소재를 활용하는 등 환경, 노동, 건강 등 모든 부문에서 지속 가능성을 추구하고 있다.

이런 노력 덕분에 서스테인 내추럴이 생산하는 콘돔은 흔히 '비건 콘돔'이라 불린다. 식물성 콘돔이라니 무슨 뜻일까? 그렇다면 동물성 콘돔도 있나? 콘돔 표면에 사용되는 윤활제는 주로 카제인으로 불리는 동물성 단백질이 사용된다. 미카는 카제인을 대신 코코넛오일 같은 천연오일에서 해답을 찾으려고 했다. 그런데 코코넛오일은 콘돔의 라텍스를 얇게 만들기 때문에 적합하지 않았다. 여러 번 시행착오를 겪은 끝에 알로에 성분을 활용한 수용성 오일에서 답을 찾았다.

서스테인 내추럴은 제품 생산뿐만 아니라 브랜드 홍보 면에서 주목할 만하다. 미국 콘돔 시장 점유율 1, 2위는 모두 트로잔(Trojan) 제품이다.

제품 포장에 투구를 착용한 남자의 두상(頭像)이 그려져 있다. 트로이의 목마(trojan horse)에서 브랜드명을 차용했다고는 하지만, 투구를 쓴 남성은 남성성의 강함을 상징하는 이미지로 소비되고 있다. 그러나 미국에서 콘돔 구매자의 40퍼센트는 여성이며, 조사에 따르면 약 71퍼센트의 여성이 피임 도구를 구입할 때 수치심을 느낀다고 한다. 미카는 "미국에서 공공연하게 성을 즐기거나 성을 적극적으로 관리하는 여성은 음란한 여성으로 취급받는 게 현실이다. 뉴욕에서조차 2014년까지 콘돔 휴대가 매춘 용의자를 체포하는 근거가 됐다"고 말했다.

이런 인식을 바꾸기 위해 서스테인 내추럴은 제품 포장 디자인부터 새롭게 했다. 연두색, 하늘색, 남색, 흰색이 어우러져 우아하고 차분한 느낌을 준다. 전혀 야하게 느껴지지 않는다. 일반 여성을 기용한 광고도 제품에 대한 친근감을 불러일으킨다. "립스틱이나 스마트폰을 파우치 백에 넣고 다니는 것처럼, 누구나 부끄럼 없이 콘돔을 파우치 백에 넣고 다니게 하고 싶다"는 미카의 바람이 반영된 결과다.

2014년 런칭 당시 미국 최대 유기농 유통점인 홀푸드마켓에 입점한 것도 빼놓을 수 없는 성공 요인이다. 홀푸드마켓은 대도시 번화가에서 고가의 유기농 식품을 판다. 여기에 제품이 진열되었다는 것 자체가 좋은 제품이라는 증거다. 이러한 매장에 '섹슈얼 웰니스 카테고리'라는 새로운 상품 진열 카테고리를 만들어 납품하는 쾌거를 거뒀다. 이후 2년간 매장을 확장하는 데 집중했다. 그 결과, 2016년 홀푸드 200점포, 타깃 200점포를 포함해 총 4000여 개의 점포에 납품하게 됐다. 2017년 후반부터는 유기농 생리대 등 제품군을 확장했다. 2019년 가을에는 그로브(Grove)에 인수합병된다. 미국에서 M&A는 성공의 또 다른 기준임을 앞서 설명한 바 있다.

서스테인 내추럴은 세전이익의 10퍼센트를 기부하는 등 여성의 건강을 위한 기부에도 적극 참여하고 있다. 특히 저소득 여성의 성 건강과 가족계획을 지원하는 단체를 중점적으로 지원한다. 미국 전역에서 낙태 클리닉을 운영하며 반(反)낙태론자들의 맹공을 받고 있는 비영리기구 '플랜드 페어런트후드(Planned Parenthood)'가 대표적인 수혜 단체다. 이로 인해 낙태 권리 옹호 기업이냐는 비판을 받기도 하지만, 미카는 사업을 시작하기 5년 전부터 생각했던 회사의 사명, 즉 '여성 스스로 성을 통제할 수 있도록 하는 것'에 충실했을 뿐이다라고 설명했다.

세상만사 보기 나름, 생각하기 나름이다. 원효대사가 해골바가지에 고인 빗물을 달게 마셨다는 이야기는 유명하다. 마음먹기에 따라 꿀물일 수도, 해골 물일 수도 있다는 깨달음! 서스테인 내추럴은 콘돔을 단순한 피임 도구로 여기지 않고 사회적·환경적 문제를 해결할 수단으로 격상시켰다. 아이디어로만 그치지 않고 실제 행동에 옮겼다. 콘돔에 대한 소비자의 구매 의식을 변화시킴으로써 ESG 브랜드로 자리잡는 데 성공했다. 여러분은 여러분의 제품, 서비스를 구매하는 소비자에게 어떤 브랜드 경험을 제공할 것인가? 서스테인 내추럴의 창립부터 오늘날까지의 과정을 곰곰이 돌아보라.

프로세스 전 과정에 친환경이 스며들다
피자포피스

베트남의 대표 ESG 브랜드
#매장에서 채소를 재배하는 피자집

베트남 토종 브랜드 피자포피스는 친환경과 고급화를 내세워
베트남 3대 피자 브랜드가 됐다.

1970년대 후반에서 1980년대 초반 우리나라는 1인당 국민소득 1000 달러를 돌파하고 2000달러를 향해 나아가고 있었다. 소득이 늘어나면 소비문화 또한 바뀌기 마련이다. 특히 유행에 민감한 세대들은 늘어난 소비만큼이나 새로운 문화를 빠르게 받아들인다. 1980년대 초반, 서울 방배동 카페 골목이 그런 곳이었다. '좀 놀 줄 안다'는 젊은이들은 밤낮 으로 방배동 거리를 쏘다녔다. 압구정 오렌지족이 등장하기 훨씬 전의 일이다. 그 시절 유명했던 가게 중 하나가 '장미의 숲'이다. 1976년 문을 연 이 레스토랑은 피자로 유명했다. 당시 20~30대 중에는 이곳에서 피자라는 음식을 처음 먹어봤다는 사람이 꽤 있다. 2009년부터 2019년까지 베트남의 발전 속도는 당시 우리와 유사하다. 그래서인가? 베트남에서도 피자 시장이 급속히 성장하고 있다.

현재 베트남에선 피자헛(PizzaHut), 더피자컴퍼니(The Pizza Company), 피자포피스(Pizza 4Ps)가 피자 시장을 과점하고 있다. 어떤 기업인지 하나하나 살펴보자.

1958년 캔자스주에서 배달 전문 가게로 시작한 피자헛은 1970년대 말 식품 왕국을 꿈꾸던 펩시코(Pepsico, 펩시콜라)에 인수됐다가 1997년 펩시코의 또 다른 레스토랑 사업인 KFC, 타코벨(Taco Bell)과 함께 얌! 브랜드(Yum! brands)란 이름으로 분리됐다. 2006년 베트남 시장에 진출해 전국 98개 매장을 운영하고 있다. 2019년 기준 연매출액은 7000억 동(약 330억 원)이다. 맛과 서비스 측면에서 글로벌 전략을 그대로 적용하고 있다.

더피자컴퍼니의 모회사는 태국의 마이너그룹(Minor Group)이다. 태국의 호텔 왕으로 불리는 윌리엄 하이네케 회장이 운영하는 태국 최대의 피자 체인 더피자컴퍼니가 베트남에 들어온 것이다. 2013년 베트남에 첫 매장을 선보인 이후, 전국 70개 이상의 매장을 운영하고 있다. 2019년 기준 연매출액은 6000억 동(약 280억 원). 태국 기업답게 두리안 피자, 똠양꿍 피자 등 독특한 피자를 선보였다.

반면 피자포피스는 베트남 토종 브랜드다. 2011년 창업한 이곳은 2019년 기준 연매출액이 5000억 동(약 230억 원)이다. 그런데 매장 수는 20여 개에 불과하다. 1, 2위 업체에 비하면 적은 수지만 점포당 매출은 비교되지 않을 만큼 높다. 이것이 가능하려면 찾는 고객이 많거나 객단가가 높아야 한다. 실제로 피자헛과 더피자컴퍼니는 저가 전략을 유지하는 반면, 피자포피스는 고가 전략을 쓰고 있다. 피자포피스는 2019년 영업이익 기준으로 1위에 올랐다.

피자포피스의 창업자는 마스코 요스케다. 인터넷 광고, 게임을 주요 사업으로 하는 사이버 에이전트(Cyber Agent)의 투자육성사업부 베트남 대표로 2010년까지 근무했다. 이후 사표를 내고 다음 해 베트남에서 피자포피스를 창업했다. 피자 본고장인 이탈리아 본연의 피자 맛을 살리는 동시에 일본과 베트남식 토핑을 가미하면서 인테리어는 유럽풍으로 전환하는 '피자 퓨전 고급화' 전략을 앞세웠다.

왜 하필 피자였을까? 사이버 에이전트 베트남 대표로 근무하던 시절, 동료들과 함께 제대로 된 피자 파티를 하기 위해 뒤뜰에 화덕을 만든 게 사업을 시작하게 된 계기라고 한다. 친구들과 6개월에 걸쳐 화덕을 만들었는데, 만드는 과정 자체 즐거웠고 갓 구운 피자를 먹으며 함께 웃는 모습을 보는 게 행복했다고 회상했다. 인생 뭐 있냐 싶어 회사 때려치우고 창업했다고 하니, 본인도 이렇게까지 성장할 줄 짐작도 못 했을 것이다.

피자포피스를 처음 차렸을 때만 해도 창업자는 피자를 만드는 데 필요한 재료를 이탈리아에서 공수해 왔다. 하지만 기나긴 배송 시간으로 인해 신선도에 문제가 발생했다. 수입을 포기하고 베트남에서 직접 식재료를 구하기로 마음먹었다. 대부분의 제품은 베트남산으로 대체할 수 있었지만, 치즈만큼은 방법이 없었다. 생산하는 사람이 없었기 때문이다. 요스케는 직접 치즈를 생산하기로 마음먹었다. 목장에서 젖소를 키우기로 한 것이다. 소를 키우는 법과 치즈 만드는 법은 유튜브에서 배웠다. 시행착오를 겪었지만 각고의 노력 끝에 호텔에 납품할 정도로 품질이 뛰어난 치즈를 만들 수 있게 됐다. 피자포피스의 대표 상품 중 하나가 자가 생산한 치즈를 얹은 피자다.

2019년 문을 연 점포 '피자포피스 수언 투이(Pizza 4P's Xuan Thuy)'에는 교육 개념을 도입했다. 베트남의 도시 어린이들은 흙을 만져볼 기회가 없다. 야채나 토마토가 어떻게 자라는지 알지 못한다. 그래서 점포 안에서 야채를 기른다. 그러고는 고객이 샐러드를 주문할 때 물어본다. '재배 농가에서 가져온 재료를 쓰겠는가, 아니면 점포 안에서 직접 기른 재료를 쓰겠는가'라고 말이다. 점포에서 자라는 채소를 보면서 고객은 안심하는 마음을 가지게 된다.

피자는 그 특성상 매장에서 발생하는 음식 쓰레기가 많다. 그래서 순환 농업형 '아쿠아포닉스'를 도입했다. 지렁이를 이용해 음식 찌꺼기를 퇴비로 만든다. 이 퇴비로 점포 안의 야채를 기른다. 음식 찌꺼기를 먹고 자란 지렁이는 점포 부지 내 연못에 사는 물고기의 먹이로 쓰이는데, 이 물고기의 배설물 또한 퇴비로 쓰인다. 이 외에도 플라스틱 빨대를 없애고, 태양광 발전을 도입해 에너지를 절감하는 등 각종 환경친화적인 활동을 수행하고 있다.

피자포피스의 주요 콘셉트 중 하나가 팜투테이블(Farm to Table)이다. 유기농 야채, 자가 생산 치즈를 재료로 쓰는 것도 그에 따른 것이다. 초창기엔 어려움이 많았다. 일반적인 과정은 이렇다. 유기농 재배 농가를 섭외해서 계약한다. 그런데 야채는 너무 크면 쓴맛이 난다. 다 자라기 전에 수확해야 맛있게 먹을 수 있다. 하지만 계약 농가의 입장은 다르지 않겠는가? 중량에 따라 돈을 받는다. 크면 클수록 더 많은 돈을 받을 수 있다. 초창기에는 크기만 큰, 벌레 먹은 야채를 건네받아 도저히 재료로 쓸 수 없었다. 어떤 방법이 있나 좀 더 살펴보다가 티엔신 팜(Thien Sinh Farm)을 알게 됐다. 일본 국제협력기구인 지카(JICA, Japan International Cooperation Agency)의 도움을 받아 운영되는 이곳은 농약, 살균제, 제초제를 전혀 사용하지 않는 지속가능한 농법으로 야채를 기른다. 일본인이 운영하는 베트남 회사에 일본의 도움을 받는 농가의 제품이 들어온다! 괜찮은 그림이었다.

피자포피스가 지속가능성을 추구하는 것은 '인간의 행복 추구'에 주목하기 때문이다. 피자포피스의 레스토랑이 환경 친화 또는 지속가능성을 추구하는 모습을 고객에게 보여주면 고객이 행복한 감정을 느낄 것이라고 생각한 것이다. 물론 종업원도 마찬가지다. 그래서 그들이 추구하는 미션은 '놀라움의 전달을 통한 행복 나눔(Delivering WOW, Sharing happiness)'이다. 신선하고 재미있는 놀라움을 사람들에게 제공함으로써 더 많은 사람에게 긍정과 행복의 감정을 나누고, 그로써 세상은 평화로 가득 찰 것이라 희망하는 것이다.

피자포피스는 레스토랑을 미디어라고 생각한다. 사업은 그들의 비전을 달성하기 위한 수단이라고 여긴다. 그들의 비전은 '평화를 위해 세상이 웃음 짓게 하다(Make the world smile for peace)'이다. 회사 이름에 포피스(4P's와 for peace는 발음이 같다)라는 단어를 넣은 것도 그 때문이다. 겨우 피자 가게에 불과하지만 꽤 거창한 비전을 갖고 있다. 어쩌면 거창한 비전을 갖고 있어서 순식간에 베트남 3위의 피자 기업으로 성장한 것인지도 모른다.

사업을 시작한 2011년, 당시 베트남 1인당 국민소득은 1700달러였다. 이 시기에 유기 농업, 팜투테이블을 생각한 것 자체가 황당한 일이었을 수도 있다. 그래도 행복한 마음으로 출발했다. 화덕을 만들 때의 기쁨을 계속 떠올리면서 말이다. 피자포피스는 차근차근 성장했고, 10명으로 시작한 회사는 지금 2000명의 종업원과 함께하고 있다.

구상만으로 끝났다면 오늘날의 피자포피스는 없을 것이다. 생각을 실행에 옮겼다. 농장에서 식당 테이블까지 구석구석 친환경을 따진 이 회사는 이제 베트남을 넘어 ESG를 대표하는 피자 브랜드로 자리 잡고 있다.

업을 자랑스러워 하라
비달 사순

미용사에서 헤어디자이너로
#미용업계의 스티브 잡스

헤어디자인 업계의 혁명으로 불린 비달 사순의 헤어 디자인

미용업계는 경쟁이 치열하다. 우리나라의 미용실 수는 2017년 기준 11만 5000곳이다. 어느 정도 많은지 감이 오지 않는다고? 같은 기간 편의점은 4만 곳, 카페는 7만 곳이었다. 이 둘을 합한 것보다 미용실 수가 많다는 사실에 눈이 휘둥그레진다. 그런데 편의점이나 카페는 거의 매일 방문하지만, 미용실은 한 달에 한 번 가는 것도 쉽지 않다. 그러다 보니 매년 많은 숫자가 문을 열지만 1년 내 폐업하는 미용실은 10퍼센트, 3년 기준으로는 40퍼센트에 달한다. 쉽지 않은 사업이다. 코로나가 몰아닥친 2020년 이후에도 그 감소세는 크지 않았다. 2020년 9월 기준으로는 11만 개가 조금 넘는 것으로 집계됐다.

1982년 출발한 준오헤어는 이런 어려움 속에서도 성공한 기업으로 평가받는다. 직영점 140개, 종업원 수 2500명 수준으로 성장했으니 그럴 만도 하다. 준오헤어 강윤선 대표는 도약하게 된 결정적 순간으로 1993년 영국 연수를 꼽는다. 당시 남편 몰래 45평 단독주택을 팔아 1억 5000만 원을 마련해 4개 매장 16명 직원 모두를 데리고 한 달간 연수를 떠났다. 그 교육기관이 비달사순 아카데미였다. 당시 비달사순 아카데미는 미용인이라면 누구나 공부해보고 싶은 꿈의 교육기관이었다.

비달 사순 아카데미(Vidal Sassoon Academy)를 설립한 비달 사순은 미용업계의 전설적 인물이다. 1928년생인 그는 런던에서 유대인 부모 슬하에 태어났다. 사순이 세 살 때 아버지가 집을 나가자, 홀로 그를 키울 형편이 되지 않았던 어머니는 그를 7년간 유대계 고아원에 맡겼다. 사순은 14세 때 학교를 중퇴하고, 런던에서 이발소의 도제로 사회생활을 시작했다. 그 후 런던 메이페어에 있던 살롱에서 차츰 기술을 쌓아갔고, 1954년 자신의 살롱을 열었다.

그가 미용업계의 스타로 떠오른 것은 1957년 미니스커트의 창안자인 메리 퀀트가 찾아오면서부터였다. 그녀의 커트를 맡은 비달 사순은 실수로 그녀의 귀를 베이게 하고 만다. 그것을 본 그녀의 남편이 "와우, 귀 커트 서비스는 별도 요금인가 보죠? 짓궂은 영국 남자시군요. 귀 커트까지 비용을 청구하다니"라는 농담을 남긴 것은 업계에 유명한 전설로 남아 있다.

1963년 사순은 고전적인 보브컷(bob cut)을 바탕으로 새로운 헤어스타일을 발표했다. 평범한 단발머리를 뜻하는 '보브'에 기하학적인 '커팅'을 넣은 것이다. 일명 '사순컷'이라고도 불리는 이 커트 방식은 오늘날 미용사들의 기본 기술이 됐다. 사순컷이 등장하면서 헤어스타일에 혁명 같은 변화가 일어났다.

그전까지 여성들은 아침마다 일어나 머리를 만지는 데 많은 시간을 투자해야만 했다. 게다가 미용사가 하는 것만큼 예쁘게 완성되지도 않았다. 하지만 '사순 스타일'로 커트하면 머리를 감고 드라이하는 것만으로도 그럴싸한 머리 모양이 완성됐다. 4~5주는 미용실에 가지 않아도 될 정도였다. 경영학적 관점에서 보면 사순컷은 '파괴적 혁신(disruptive innovation)'이라고 볼 수 있다.

이 개념은 경영학계의 아인슈타인이라 불리는 클레이튼 크리스텐슨 하버드대 교수가 1997년에 창안했다. 그는 고객을 특정 제품이나 서비스를 사용하지 않았던 고객, 특정 제품이나 서비스를 사용하면서 충분히 만족하는 고객, 특정 제품이나 서비스를 사용하면서 불만이 가득한 고객 세 종류로 분류했다. 세 번째 유형의 고객은 기존에 하던 것을 더 잘하면 된다. 이를 존속적 혁신이라고 한다. 반면 기존에는 없었던 새로운 기술로 첫 번째, 두 번째 유형의 고객을 만족시키는 것을 '파괴적 혁신'이라고 한다. 이 같은 기술을 갖고 있는 신생 기업이 기존 기업을 시장에서 몰아낸다는 이론이다. 혼다 모터사이클(Honda motorcycle) 이 미국 시장에 진출해서 할리 데이비슨(Harley Davidson)을 무너트린 것이 좋은 예다.

미용실의 고객을 생각해보자. 비싼 값에 시간도 많이 소요되는 미용 서비스를 받기에는 금전적·시간적 여유가 없는 계층이 있다. 이들은 어쩌다 미용실을 찾는다. 이들에게 새로운 형태의 컷을 제공하면서 머리 관리를 하기 쉽게 만들어주었다. 미용실을 찾지 않던 고객이 미용실을 찾는데, 그들이 원하는 것은 고가의 고급 서비스가 아니다. 다른 서비스보다 저렴하면서도 시간이 적게 걸리는 '커트 서비스'다. 받고 나면 스스로 관리할 수 있다. 이러한 여러 가지 요소를 조합해보면, 비달 사순이 미용업계에 파괴적 혁신을 불러일으켰다고 볼 수 있다.

1967년 그는 미용 아카데미를 열었다. 사실 그전부터 미용 기술은 '보고 배우는' 도제 시스템으로 전해졌다. 그런데 왜 군이 미용 아카데미를 연 것일까? 비달 사순은 "그곳에서는 사람들이 제 기술을 사용하면서도 자신만의 예술을 디자인에 녹여낼 수 있습니다. 그것은 제게 의미 있는 일이지요"라고 말한다.

자신만의 노하우를 공유한다는 것은 쉽지 않은 결정이다. 그것도 1960년대에 말이다. 하지만 미용업계의 수준을 올리겠다는 그의 철학을 바탕으로 사순 아카데미는 당대 최고의 미용 교육기관으로 성장했다. 많은 졸업생 덕분에 전 세계적인 명성을 얻을 수 있었고, 그만큼 매출 및 이익이 늘어났다.

오늘날 사순 아카데미는 미용 분야에서 세계적인 명성을 보유한 민간 교육 연수기관으로 영국, 독일, 북미 등에서 매년 수천 명의 헤어 디자이너를 양성하고 있다. 이 중 대표격인 런던 아카데미의 경우, 매년 6000명의 교육생이 방문하는데 그중 2500명 정도가 한국인이라고 한다. 사순 아카데미는 매년 크리에이티브팀을 통해 최신 트렌드를 발표하고 해당 트렌드를 교육함으로써 브랜드 인지도를 높이고 있다. 비경력자 또는 경력 3년 미만인 교육생을 대상으로 하는 24주, 30주짜리 초급 과정, 디자이너 경력 5년 이상인 교육생을 대상으로 훈련된 스타일리스트가 사순의 핵심 커트, 컬러링 기법을 교육하는 단기 과정 등 다양한 프로그램이 있다. 이론과 실무를 교육하는 것은 물론 손님과의 대화를 통해 취향과 직업에 알맞은 스타일을 알아내는 법, 손님의 만족도를 살피는 법 등을 비롯해 창의력과 직업의식을 강조하는 교육도 받는다. 런던 본점 외에도 미국, 캐나다, 독일, 중국 등 여러 나라에 사순 아카데미가 개설되어 있다.

사순은 2011년 미국 로스앤젤레스 자택에서 언론기관과 인터뷰했다. 기자는 아카데미에 대한 그의 철학이 무엇인지 물었다. 사순은 "지식을 공유하는 것은 나의 변함없는 철학입니다. 우리 아카데미와 교육센터는 에너지가 넘칩니다. 그런 에너지는 젊은 사람에게 창의성의 경계를 밀어내도록 자극을 줍니다. 나는 그 친구들에게 말합니다. 좋은 아이디어가 떠오르면 한번 해보라고요. 자기 뜻대로 밀고 나가라고요."

사순은 또한 동료를 '내 밑에서 일하는 사람'이라고 부르지 않고 '나와 함께 일하는 사람'이라고 부른다. 이는 그의 헤어 디자인에 대한 명확한 철학을 보여준다. 어떤 사람을 위해 일한다고 생각해보자. 대기업에 다닌다면 그 회사의 오너, 미용실에 다닌다면 그 미용실의 주인이 그 '어떤 사람'이 된다. 그렇다면 이는 돈을 위해 일하는 것과 다를 바 없다는 게 사순의 주장이다. 헤어 디자인이란 함께 예술을 창조하는 과정이다. 그래서 그는 언제나 동료를 '함께 일하는 사람'이라고 부른다.

사순은 1973년 자신의 이름을 딴 헤어케어 브랜드를 만든다. 이 브랜드를 1983년에 리처드슨 빅스(Richardson-Vicks)가 M&A하는데, 2년 후 이 회사가 다시 P&G에 인수된다. 이런 역사를 거쳐 P&G에서 비달 사순 헤어케어 제품이 나오게 된 것이다. 비달사순과 P&G의 관계가 순탄한 것만은 아니었다.

2003년 사순은 P&G를 상대로 소송을 제기했다. P&G가 1985년 라이선싱 계약을 체결하면서 약속했던 조건들을 제대로 이행하지 않고 있다는 것이 소송의 이유였다. 실제로 제휴 계약을 할 당시 P&G는 세계 시장에 비달 사순 브랜드 제품들을 독점적으로 공급한다는 조항을 합의 내용에 포함시켰는데, 사순 측은 "생활용품업계의 거대 그룹인 P&G가 판촉과 마케팅에 대한 투자를 외면하면서 비달 사순 브랜드를 고사시키고 자사의 팬틴(Pantene) 브랜드만 편애하고 있다"고 주장했다. 실제 재판에 들어가기 전에 합의로 사건은 종결됐지만, 사순이 자신의 이름이 걸린 상품에 얼마나 자부심을 느끼고 소중히 대하고 있는지 알게 하는 대목이다. 사순은 2009년 대영제국 훈장을 받았고, 2012년 로스앤젤레스 자택에서 백혈병으로 사망했다. 미용인들은 그를 "미용업계의 스티브 잡스"라고 추도했다.

비달 사순. 그가 미용업계에 들어설 때만 해도, 샴푸하는 것을 도와주는 샴푸 보이로 사회생활을 시작했을 때만 해도 미용사라는 직업은 그다지 화제에 오르지 않는 직업이었다. 헤어 담당으로 잡지 한편에 미용사 이름만 쓰여 있을 뿐, 대중의 경의를 받는 직업은 아니었다. 하지만 그는 세상의 모든 가치관, 상황을 바꾸었고, 그러한 경험을 다른 업계 사람들과 나누고 싶었다.

그는 미용이야말로 대단히 특별한 창조 행위라고 봤다. 건축가와 조각가는 재료를 활용해서 무언가를 창조하지만, 미용사는 인간의 조직 일부를 커트, 컬러로 재창조함으로써 인간의 외모를 변화시킨다. '살아 있는 소재'를 사용해 창조하는 것은 '헤어'만이 가능한 영역이다.

사순은 "미용은 미를 창조하는 기술일 뿐 아니라 행복도 창조할 수 있다"고 말한다. 고객이 미용 시술을 끝내고 의자에서 일어나면서 거울에 비친 자기 모습을 보며 행복한 미소를 짓고 미용실을 떠날 때, 미용사 역시 행복감으로 충만해진다. 서비스의 IT화 이야기를 많이 한다. 인공지능(AI)이 세상을 바꾸는 것처럼, 머리 손질하는 기계가 등장하는 것도 먼 훗날의 이야기는 아닐 것이다. 그렇지만 저가의 서비스는 기계가 대체할 수 있을 테지만, 고가의 서비스는 결국 인간이 담당할 수밖에 없을 것이라는 게 통설이다. 따라서 헤어스타일링 비즈니스는 헤어 아티스트의 손끝 기술에 따라 가격이 천차만별로 바뀔 수밖에 없다. 이런 관점에서 헤어 디자인 기술, 헤어 디자인 숍 운영 기술은 미래에도 살아남는 분야로 여겨진다.

그는 미용에 대한 자신의 재능을 독점하려고 하지 않았다. 널리 알려주고 공유하려고 했다. 많은 학생이 그에게 직간접적으로 배웠고, 그 결과 그는 미용 분야의 전설이 됐다. 그를 지지하는 세력이 늘어났고, 그의 팬이 늘어났으며, 그의 재정 사정은 더욱 나아졌다. 다시 한 번 강조하지만, 비달 사순을 논함에 있어 무엇보다도 큰 공적은 미용사의 사회적 지위를 끌어올렸다는 것이다. 어떤 궤적을 거치며 사회적 지위를 향상시켰는지 살펴보자. 그리고 당신이 속한 업종에선 어떻게 변화의 파도를 일으킬지도 고민해보자.

말이 아니라 행동
스페셜리스테른

SPECIALISTERNE

지원이 아니라 동행

#전 직원의 75퍼센트가 자폐 성향을 가진 회사 #민들레의 쓸모

민들레는 잡초의 대명사로 불린다. 매년 봄이 되면 산과 들은 물론이고 길가나 담벼락, 보도블록 틈새에서도 꿋꿋이 피어오른다. 질긴 생명력에 감탄이 절로 나오지만, 잡초이기에 겪어야 할 숙명도 있다. '언제든 밟히거나 뽑힐 수 있다'는 것이다. 특히 알레르기 환자들에게 민들레는 온 사방에 홀씨를 흩날리며 재채기를 유발하는 '천덕꾸러기'다. 하지만 민들레는 쓸모없는 잡초 따위가 아니다. 《동의보감》에 따르면 '열독을 풀고 악종(惡腫)을 삭히며 멍울을 깨트리고 음식 독을 풀며 체기를 내리는데 뛰어난 효능'이 있는 약초다. 실제로 민들레 뿌리엔 간 기능을 개선하는 콜린 성분이, 잎에는 항암 작용을 하는 실리마린 성분이, 꽃에는 시력 보호에 효과적인 루테인 성분이 들어 있다.

똑같은 민들레를 놓고도 어떤 관점에서 보느냐에 따라 잡초 취급을 할 수도 있고, 약초로 볼 수도 있다. 정원사에게 민들레는 푸른 잔디밭의 조경을 해치는 주범이다. 반면 약재상에겐 환자의 병을 낫게 하는 명약이 될 수도 있다. 사람에 대한 평가도 마찬가지다. 창의적이고 혁신적인 사고를 하는 사람 중엔 괴팍하고 특이한 성향을 가진 사람들이 종종 있다. 이들을 어떤 시각에서 보느냐에 따라 '사회 부적응자'로 낙인찍고 외면해버릴 수도 있지만, 기업을 이끌어갈 인재로 키울 수도 있다. 이와 관련, 덴마크 기업 스페셜리스테른(Specialisterne)의 사례를 참고해볼 만하다.

소프트웨어 검사 및 품질 관리 업무를 대행하는 스페셜리스테른은 전 직원의 75퍼센트가 자폐 성향을 갖고 있다. 자폐의 대표 증상 중 하나는 제한적이고 반복적이며 일정한 방식이 유지되는 행동이나 활동에 집착하는 것이다. 이는 정상인보다 훨씬 높은 수준의 집중력을 갖고 있다는 뜻으로 해석될 수도 있다. 창업자 토킬 손은 바로 이 점에 집중했다. 소프트웨어 테스트 작업은 매우 반복적이어서 정상인들은 큰 흥미를 갖지 못하고 쉽게 지쳐버리지만 자폐증이 있는 이들에겐 즐겁게 일하며 자신들의 역량을 마음껏 펼칠 수 있는 분야라는 점을 간파한 것이다. 2004년 창립한 이래 현재까지 스페셜리스테른은 마이크로소프트, 시스코(Cisco), SAP 등을 고객사로 확보하며 꾸준히 성장하고 있다. 이 회사의 서비스에 만족한 SAP는 심지어 자폐 성향을 가진 이들을 직접 고용하겠다는 계획을 발표하기도 했다. 벨기에 파스베르크(Passwerk), 독일 오티콘(Auticon), 미국 애스피러텍(Aspiritech) 등 스페셜리스테른처럼 자폐 성향을 가진 이들을 컨설턴트로 고용해 비즈니스를 영위하는 기업들도 속속 늘고 있다.

덴마크 코펜하겐 비즈니스 스쿨의 로버트 D. 오스틴 교수는 이런 일련의 움직임에 '민들레 원칙(dandelion principle)'이라는 이름을 붙였다. '자폐 성향(민들레)'을 '장애(잡초)'가 아닌 '남다른 경쟁력(약초)'으로 바라보는 패러다임의 전환이 얼마나 큰 영향력을 발휘하는지 보여주는 사례다. 사람들 개개인에게 숨겨진 강점을 간파해내는 것은 마치 민들레의 효능을 파악하는 것과 같다. 그 진가를 아는 사람만이 민들레를 잡초가 아닌 약초로 활용해 큰 이득을 얻을 수 있다.

이러한 관점에서 2009년 인도 뭄바이에서 설립된 미라클 쿠리어즈(mirakle couriers)도 주목할 만하다. 기업 명칭에서 알 수 있듯, 배달을 주된 사업으로 하는 회사다. 기적을 의미하는 미라클(c를 k로 바꿔 상표등록)이 의미하는 바는 무엇일까? 종업원 중 관리직 4명을 제외한 수십여 명이 청각장애인이다. 인도에는 800만 명의 청각장애인이 존재한다. 그러나 그들은 위한 마땅한 일자리가 없다. 창업자인 드루브 라크라 CEO는 영국 옥스퍼드대에서 석사학위를 마치고 돌아온 뒤 우연히 청각장애 소년과 만나 글을 써서 대화할 기회가 있었다. 그와 필담을 나누다 보니 청각장애인이 택배업에 어울리겠다는 생각을 했다. 의사소통이 그다지 필요하지 않고 길을 잘 기억하고 찾는 것이 중요한데, 청각이 떨어지는 만큼 집중력과 기억력이 뛰어나 보였다. 사무실에서는 수화로, 외부에서는 문자 메시지로 의사소통을 하면 된다. 기왕 시작한 일에 자부심을 심어주고 싶었다. '가능성을 배달한다'는 회사 슬로건을 새긴 유니폼을 입고 배달에 나서도록 했다. 이런 여러 요소가 집약되어 혁신적 비즈니스 아이디어를 소개하는 사이트로 유명한 스프링와이즈닷컴(springwise.com)이 2011년 주목해야 할 기업으로 선정했다.

잡초를 약초로 활용하기 힘들다면, 잡초를 잘 돌봐주는 사회적 기업과 좋은 관계를 맺는 것도 고려해볼 만하다. 보잉의 본거지는 시애틀이다. 시애틀 외곽에 자리 잡은 파이어니어 인더스트리스(Pioneer Industries)는 1966년 보잉과 동반자 관계를 맺었다. 이 공장에서 생산한 금속 부품이 보잉에 납품되니 어엿한 1차 벤더인 셈이다.

파이어니어의 종업원은 대부분 마약중독자, 노숙자 출신이다. 보잉과 계약하기 3년 전인 1963년 설립됐는데, 설립자부터 알코올중독을 겪은 변호사다. 보잉에 부품을 납품하는 것으로 출발했지만, 주택 서비스부터 알코올중독 상담까지 다양한 서비스를 제공하는 사회적 기업으로 성장했다. 지금은 보잉 의존도가 25퍼센트 이하로 떨어졌다. 초창기에 대기업의 전폭적인 지원을 받는 점은 다른 사회적 기업들에 부러움의 대상이다.

유럽으로 건너가보자. 프랑스의 사회 혁신 기업인 그룹 SOS(Groupe SOS)는 사회적 기업이면서도 일반 기업과 경쟁해도 전혀 손색이 없다. 수백 개 자회사를 거느리고 있는데, 그중 하나가 리무진 서비스다. 그런데 리무진 운전사가 전과자다. 전과자가 운전하는 고급 승용차를 타고 이동한다? 승객으로서 자칫 무서울 수도 있다. 그런데 발상을 바꿔보자. 전과자가 출소해서 재취업하기란 하늘의 별따기다. 다시 범죄의 덫에 걸리기 쉽다. 그런데 전과자 중에도 진실로 개과천선한 사람이 있기 마련이다. SOS는 바로 이런 사람을 구별해내는 역량을 보유하고 있다. 전과자일수록 교육을 열심히 받는다. 이곳이 직장을 구할 수 있는 마지막 장소라는 것을 알기 때문이다. SOS는 이들을 교육시킨다. 안전하고 편안하게 운전하는 방법은 기본이다. 온화하게 미소짓는 법, 심지어 고객이 위험에 처했을 때 고객을 보호하는 법까지 배운다. 어떻게 보면 보디가드를 운전사로 채용한 셈이다.

우리 주변에도 사회적 약자가 많다. 사회란 이들을 외면하는 것이 아니라 이들의 어려움을 보듬으며 함께 살아가는 곳이다. 선진국에선 이들을 채용이란 관점에서 바라본다. 사회적 약자를 돕는 것이 아니라 그들의 감춰진 재능을 활용하는 것이다. 스페셜리스테른, 미라클 쿠리어즈 등 다양한 회사가 실제 어떻게 하는지 참고하면서 우리의 실천 과제를 찾아보자.

할인보다는 로열티
칙필레이

고객, 직원, 투자자를 위한 로열티 3종 세트

#이직이 없는 회사 #트루에트 캐시

칙필레이의 대표적 광고 문구 "닭고기 많이 드세요".
칙필레이는 독특한 광고 이목을 끌었지만 진짜 경쟁력은 다른 곳에 있다.

미국에선 매년 7월 매출액 기준 레스토랑 순위를 발표한다. 2021년에는 맥도날드가 1위, 스타벅스가 2위, 한때 펩시 계열이었던 타코벨이 3위를 차지했다. 우리도 잘 아는 세계적인 브랜드다. 그런데 4위에 오른 업체의 이름이 낯설다. 칙필레이(Chick-Fil-A). 발음하기도 힘들다. 어떤 회사인지 호기심이 발동한다. 간단히 살펴보자.

창업자인 트루에트 캐시는 1946년 고향인 조지아주에 드와프 그릴(Dwarf Grill)이란 이름의 작은 식당을 열었다. 운 좋게도 다음 해 12월 미국 자동차 회사 포드가 드와프 그릴 근처에 공장을 설립했다. 수입을 꾸준히 올릴 수 있는 기반이 마련된 셈이다. 1967년에는 칙필레이(Chick-Fil-A)라는 득특한 이름을 지닌 레스토랑을 문 열었다. '칙(Chick)'은 닭(chicken), '필(Fil)'은 필레(fillet, 저민 살코기), 'A'는 A등급을 의미한다. 최고의 재료를 사용하는 치킨 샌드위치 전문점을 만들겠다는 의지를 표현한 것이다.

치킨 샌드위치가 주 메뉴이지만, 이 회사의 광고에는 소가 등장한다. 1995년 시작된 '닭고기 많이 드세요(Eat Mor Chikin, 시선을 끌기 위해 철자법도 일부러 틀리게 표기했다)' 캠페인이 대표적이다. 미식축구 경기장이나 농구장 등 사람이 많이 모이는 곳에서 젖소(실은 젖소 복장을 한 아르바이트생)들이 '닭고기 많이 드세요'라고 외친다. TV 광고에도 닭이나 닭고기는 나오지 않고 젖소만 여러 마리 출연해 계속 "닭고기 많이 드세요"라는 말을 반복한다. 하긴 닭고기를 많이 먹으면 그만큼 소고기는 적게 먹지 않겠는가? 이 캠페인이 인기를 모으면서 칙필레이라는 브랜드가 소비자의 머릿속에 각인됐다.

칙필레이가 성공한 요인은 무엇일까? 맛일까? 음식점이니 당연히 맛은 좋을 것이다. 하지만 이는 필요조건이지 충분조건은 아니다. 포드자동차 공장이 들어선 것처럼, 사업 초기에 재무적 불안정성을 쉽게 극복할 수 있었던 운도 작용했다. 하지만 로열티(loyalty) 경영의 대가인 프레더릭 라이히헬드는 충성도를 높이기 위한 다양한 노력을 성공 요인으로 꼽았다.

로열티에는 고객 로열티, 종업원 로열티, 투자자 로열티가 있다. 먼저 고객 로열티를 살펴보자. 어떤 고객은 2퍼센트 할인 때문에 경쟁업체로 간다. 어떤 고객은 20퍼센트 할인해준다고 해도 이탈하지 않는다. 로열티, 즉 충성도가 높은 고객은 기업의 곁을 떠나지 않는다. 이를 고객 유지율이라고 한다. A, B 두 기업이 있다. A는 고객 유지율이 95퍼센트, B는 50퍼센트라고 가정해보자. A기업은 매년 5퍼센트의 고객이, B 기업은 50퍼센트의 고객이 떠나는 셈이다. 5년 후 모습은 어떨까? A 기업엔 5년 전 고객의 77퍼센트가 남아 있는 반면, B 기업은 단지 3퍼센트만 남아 있다. 엄청난 차이다.

"고객 유지율이 5퍼센트 증가하면 매출액은 2배 증가한다"는 이야기도 있다. 이는 고객 유지율이 90퍼센트에서 95퍼센트로 증가할 때를 빗댄 표현이다. 고객 유지율이 90퍼센트란 얘기는 이탈률이 10퍼센트, 즉 한 고객과의 거래 기간이 10년이란 이야기다. 고객 유지율이 95퍼센트가 되면 이탈률이 5퍼센트가 되어 거래 기간이 20년으로 늘어나는데, 거래 기간이 2배가 되어서 매출액이 2배가 된다는 의미다.

10년, 20년씩 거래하면서 고객 생애 가치, 라이프 타임 밸류(life time value)라는 용어가 등장한다. 수익성이 1년이라는 단기간에 발생하는 것이 아니라, 최초로 고객이 되었을 때부터 그 기업을 떠날 때까지 장기간에 걸쳐 발생한다는 뜻이다. 보험이나 은행을 보면 쉽게 이해가 간다. 한번 거래를 트면 웬만하면 평생 이어진다. 우리 고객으로 만들기 위해 상당한 공을 들였다면, 비록 그해 투자한 비용만큼 효과를 거두지 못했을지라도 장기적 관점에선 충분히 효과를 거두게 된다는 것이 로열티 경영의 근간이다.

패스트푸드점 같은 업계는 신규 고객을 확보하고 기존 고객이 더 자주 오게 만들기 위해 관행적으로 쿠폰을 사용한다. 이런 관행이 정말 의미가 있는지 궁금했던 칙필레이는 쿠폰을 가지고 오는 고객의 행동을 구체적으로 연구했다. 그 결과, 쿠폰을 갖고 오는 고객들이 돈을 적게 쓰며, 반복 구매도 덜 하고, 가장 바쁜 시간에 쿠폰을 사용한다는 것을 알게 됐다. 또한 쿠폰이 없는 충성 고객들이 속은 느낌을 받는다는 것을 알아냈고, 빈번한 가격 판촉은 고객에게 상품이 정상가만큼의 가치가 없다는 생각을 갖게 한다는 것도 알았다. 이런 결과에 따라 칙필레이는 쿠폰을 없애는 특단의 조치를 취했다. 이 회사는 현재 신상품 도입, 신규 매장 오픈 같은 경우에만 쿠폰을 사용한다.

비록 할인 쿠폰은 없앴지만 판촉물까지 없앤 것은 아니다. 그런데 칙필레이가 어린아이들에게 제공하는 판촉물은 다른 레스토랑의 것과 차원이 다르다. 맥도날드나 웬디스, 버거킹 같은 대부분의 레스토랑이 값싼 장난감을 끼워주는 반면에, 칙필레이는 동화, 어린이 도서, 유익한 내용을 다루고 있는 CD 등을 제공한다. 부모의 입장에서 보자. 어떤 느낌이 드는가? 칙필레이는 어린아이들의 육체적 · 정신적 건강에 큰 관심을 기울이고 있다는 느낌을 받는다. 이러한 호감도가 고객 로열티를 더욱 강화시킨다.

종업원 로열티가 높으면 일을 열심히 하고, 활기차고 긍정적인 조직 분위기가 형성된다. 당연히 높은 성과가 따라온다. 따라서 '어떻게 해야 종업원 로열티를 높일 수 있는가'는 경영학계의 오랜 관심사였다. 먼저 동종업계에서 최고 수준으로 대우해야 한다. 헨리 포드가 남긴 명언이 있다. "임금 감축은 비용 절감을 가져오는 것이 아니라 오히려 비용을 증가시킨다. 비용 최소화를 달성할 수 있는 유일한 방법은 유능한 직원에게 높은 임금을 주고 잘 활용하는 것이다." 줄 것 다 주면서 일 잘하게 만들라는 의미다. 한편 능력 있는 직원은 그들이 하는 일에 자부심을 느낄 때, 그들의 일이 재미있고 의미 있을 때, 그리고 그들과 팀 구성원들이 회사 이윤에 기여했고 나름의 몫을 했다는 것을 인정받을 때 열심히 일한다고 하는 연구 결과도 있다.

칙필레이는 관리자의 경력 관리 방식이 경쟁 체인과 전혀 다르다. 대부분의 체인은 관리자를 이동시켜가면서 직위와 보수를 점차 늘려준다. 처음에는 소규모 매장에서, 다음에는 중간 규모 매장으로, 그다음에는 대규모 매장으로 옮겨가고, 때로는 신규 시장으로 보내지기도 한다. 이런 테스트에 합격하는 사람은 지역 스태프로 승진하고, 더 뛰어난 인재는 결국 본사로 불러들인다. 칙필레이는 이런 인사 제도를 거부한다. 칙필레이에서는 관리자를 여러 매장에 근무시키고, 그로 인해 기존 관리자가 직원이나 고객과 형성해놓은 유대관계를 파괴하는 것은 상상조차 할 수 없는 일이다. 실제로 칙필레이에는 본사에서 일할 전망이 없다는 사실을 걱정하는 관리자가 거의 없다. 이들은 월급쟁이 경영자가 아니라 해당 식당의 소유주(주인)라는 의식을 갖고 행동한다. 관리자는 대부분 지금 있는 곳에서도 1년에 10만 달러 이상을 벌 수 있으니 굳이 애틀

랜타(본사)로 가는 걸 원하지 않는다.

매장 한 곳에 머물면서 1년에 10만 달러 이상 벌 수 있는 곳은 칙필레이가 유일하다. 이들의 목표는 CEO가 되는 것이 아니라 자신의 지점을 경영하고 생산성을 높여 많은 돈을 버는 것이다. 반면 경쟁사는 유능한 매니저일수록 빠른 시일 내 레스토랑 관리에서 벗어나 지역 본사의 스태프가 된다. 불행히도 이는 최고의 능력을 지닌 관리자일수록 현장, 즉 고객과 일선 직원에게서 점점 멀어진다는 것을 의미한다. 그리고 그 과정에서 이들이 생산성을 향상시키는 데 어떤 기여를 하는지 점점 모호해진다.

캐시는 서로 평생 같이할 수 있는 사람이라는 확신이 없는 한 절대 신입사원을 뽑지 않는다고 말했다. 한 사람의 후보자를 고용할 것인지 아닌지에 대한 최종 결정은 종종 인터뷰에서 '내 자녀가 이 사람 밑에서 일하게 되는 것이 좋은가 나쁜가?'라는 질문의 답에 따라 정해진다.

미국 식당업계에서 매장 운영자의 평균 이직률은 40~50퍼센트에 달한다. 칙필레이는 4~6퍼센트에 불과하다. 칙필레이의 매장 운영자는 다른 패스트푸드 체인에 비해 평균 50퍼센트나 많은 소득을 올린다. 그러다 보니 점주가 되겠다는 경쟁도 치열하다. 80명 뽑는데 2만 명이 몰려들 정도다.

하급 직원(crew) 이직률 역시 다른 체인보다 낮다. 업계 평균은 200~300퍼센트이지만 칙필레이는 120퍼센트 정도다. 이런 결과를 얻는 데는 회사 정책이 도움이 됐다. 칙필레이는 1973년부터 직원 대상 장학 프로그램인 '리마커블 퓨처스(Remarkable Futures)'를 운영하고 있다. 1인당 최대 2만 5000달러(약 2800만 원)가 지급되는데, 2018년 10월 기준

수혜자가 3만 6000명을 넘어섰다. 칙필레이의 각 매장에는 다음과 같은 원칙이 새겨진 장식판이 있다. "당신이 판단했을 때 자랑스러워할 수 있는 사람들만 사귀어라. 그들이 당신을 위해서 일하든, 당신이 그들을 위해서 일하든 간에."

마지막으로 투자자 로열티를 살펴보자. 이는 투자자가 한 기업에 오래 투자하는 것을 의미한다. 장기투자, 가치투자라는 단어를 들으면 워런 버핏이 떠오른다. 그는 투자는 하지만 경영에는 관여하지 않기로 유명하다. 그럼에도 불구하고 딱 하나 관여하는 게 있다. 최고경영진의 보수 체계를 재조정해서 경영진 인센티브가 장기 투자자의 이익과 일치하도록 만드는 것이다. CEO가 단기간 내 성과를 내야 한다는 압박에서 벗어나게 해주면서 종업원 로열티, 더 나아가 고객 로열티를 추구하는 기업으로 변신하도록 도움을 주는 셈이다.

칙필레이의 창업자 트루에트 캐시는 2013년 아들인 댄 캐시에게 회사를 물려주었다. 가족 기업인 탓에 장기적 안목에서 기업을 경영하고 있다.

코로나로 인해 일부 업종을 제외하고는 기업 실적이 엉망이다. 이럴 때일수록 고객, 종업원, 투자자의 충성도가 빛을 발한다. 칙필레이의 사례를 보면서, 우리 회사에는 어떤 것을 도입할 수 있을지 찾아보자.

INSIGHT 24

접점의 출발점은, 공감
오아시스 솔루션

OASYS
solution

먼저 내부고객을 만족시켜라
#데이트할 때 입는 작업복

シェアするスーツ。 ジャーナルスタンダード レリューム ×

직원들의 아이디어에서 출발한 '데이트할 때도 입고 나갈 수 있는 작업복'

'3D업종'이란 용어가 있다. '어려운(Difficult)', '위험한(Dangerous)', '더러운(Dirty)'을 뜻하는 3개의 D에 속한 업종을 말한다. 업무 규정상 지정된 복장과 안전모를 의무적으로 착용해야 한다. 만약 일이 끝난 후 그 옷차림 그대로 데이트를 간다면 어떨까? 말도 안 되는 소리일까? 실제 이러한 고민을 하다가 신규 사업에 나선 회사가 있다. 급수 설비 진단, 배수관 공사, 수도 시설 리모델링 등 수도 관련 공사를 전문으로 하는 오아시스 솔루션(OASYS solution)이 바로 그곳이다.

창업자 세키야 유조가 2006년 설립한 이 회사는 아파트 수도관 관리 및 유지보수 시장에서 독보적인 위치를 차지하고 있다. 2016년 창립 10주년을 맞이한 오아시스 솔루션은 자사 작업복 리뉴얼 프로젝트에 나선다. 영업직 사원들에게서 "작업 막간에 작업복 복장 그대로 식당에 들어가야 하는 경우가 많은데 주변의 시선이 신경 쓰인다", "일반 가정을 방문해서 공사를 할 때 고객의 호의적이지 않은 시선을 느낄 때가 많다"는 소리가 들려왔던 것이다. 심지어 "출근할 때 부끄럽다"는 의견도 있었다. 작업복의 이미지를 바꾼다면 신입사원을 뽑을 때도 긍정적인 효과가 기대된다는 자문도 나왔다. 하긴 촌스러운 작업복보다는 좀 더 멋진 옷을 입고 일할 수 있다면, 젊은층의 취향에 맞지 않겠는가.

처음에는 '장인의 멋과 작업복의 기능성을 살리면서 업계의 이미지를 바꿀 수 있는 의류'라는 콘셉트의 제품을 개발하려고 했다. 하지만 어중간한 디자인만 그려질 뿐, '그래, 바로 이거야!' 할 만한 아이디어는 나오지 않았다. 당시 4년간의 영업부서 생활을 마치고, 인사부에서 근무하고 있던 나카무라 아리사는 "젊은층을 끌어들일 수 있도록 정장 스타일로 만드는 것은 어떤가?"라는 파격적인 제안을 내놓았다.

그녀는 도쿄대 경제학과를 나온 재원이다. 졸업 후 벤처기업에 취직하려고 했다. 우리나라로 치면 네이버나 카카오 같은 회사를 고려했다. 그런데 좀 특이한 회사에 가고 싶다는 생각이 들었다. 그리고 꼭 영업 분야에서 사회생활을 시작하고 싶었다. 그때 오아시스 솔루션이란 회사를 만나게 된 것이다. "업종에 상관없이 자기가 하고 싶은 일을 하는 게 멋진 인생"이라는 창업자의 이야기가 귀에 쏙 들어왔다. 부모님의 반대를 무릅쓰고 오아시스 솔루션에 입사했다. 원하는 대로 영업부서에 배치받았다. 그러던 어느 날 도쿄 중심부 한복판에서 대학 동창을 만났다. 상대방은 전문가 분위기가 풀풀 넘치는 정장, 자신은 후줄근한 작업복. 그것도 여자용이 없어서 남자용 스몰 사이즈를 입고 있었다. 입사 이래, 그 순간만큼은 부끄러웠다. 멋진 작업복은 그녀의 꿈이었다. "데이트할 때도 입고 나갈 수 있는 작업복"이라는 콘셉트가 도출됐다. 이후 1년여의 개발 기간을 거쳐 캐주얼 양복 형태의 작업복이 세상에 선을 보였다.

　정장처럼 멋진 디자인이지만, 제품 속성을 들여다보면 완벽한 작업복이다. 튼튼하면서 신축성이 뛰어나다. 방수 기능도 갖췄고, 때도 잘 타지 않는다. 양복은 드라이 크리닝해야 하지만, 이 제품은 세탁기로도 빨 수 있다. 형상기억섬유로 제작되어 빨래 후 다림질하지 않아도 원래 모습으로 잘 돌아간다. 작업에 필요한 공구를 수납할 목적으로 주머니도 은근히 많이 달려 있다.

　내부 직원은 물론 외부의 반응도 좋았다. 기존에는 '어차피 작업복인데'라며 머리도 대충 만지고 출근하는 직원이 많았는데, 작업복 모양새가 양복과 비슷해지자 직원들의 머리 모양도 눈에 띄게 단정해졌다. 수도 공사를 시공받는 고객에게 "시공 직원의 청결도가 높아졌다"는 칭찬의 소리가 연달아 들려왔다.

고객 중 대형 부동산 회사가 있었다. 새로운 작업복이 개발된 배경을 알게 된 뒤 흥미로운 제안을 했다. "이 제품은 정말 대단합니다. 오아시스 직원만 입기엔 아까워요. 우리 직원들에게도 입힐 수는 없을까요?" 오아시스는 이참에 패션업에 진출하기로 마음먹는다. 2017년 12월 '오아시스 스타일 웨어'란 이름의 회사를 설립하고, 작업복 아이디어를 낸 나카무라 아리사에게 CEO를 맡겼다.

2018년 3월부터 인터넷 사이트에서 해당 제품을 선보였다. 2019년 2월에는 이세탄(伊勢丹) 등 일본 유수의 백화점에서도 판매하기 시작했다. 심지어 최첨단 유행의 격전지인 하라주쿠의 패션 편집숍에서 오아시스 제품을 취급하기도 했다. 사업을 시작한 지 1년 반도 안 돼서 300여 개 회사가 오아시스의 작업복을 채택했다. 영업할 때 다소 거친 업무도 담당해야 하는 중고차 판매업 같은 직종의 유니폼으로 점점 자리 잡아가고 있는 것이다. 아시아 지역을 중심으로 한 러브콜도 대단하다.

혁신의 출발점은 '아픔에 공감하는 것'이다. 오아시스의 종업원은 자신이, 그리고 동료들이 겪은 작업복에 대한 아픈 추억을 멋진 신사업으로 승화시켰다. 아울러 오아시스 브랜드를 ESG시대에 걸맞은 행동을 하는 브랜드로 만들었다.

INSIGHT 25

이름 하나 바꿨을 뿐인데...
사우스센트럴재단

소비자가 아니라 커스토머 오너

#의료 재단의 발상 전환

사우스 센트럴 재단은 미국 의료 기관 최초로 품질과 생산성이 높은 기업,
단체에게 주는 말콤 볼드리지 상을 두 번 수상했다.

말콤 볼드리지(Malcolm Baldrige) 상은 미국이 1988년 만든 국가적 차원의 품질 관련 상이다. 당시 전 세계 시장에서 미국의 경쟁력이 뒤처지는 원인이 품질과 생산성에 있다고 보고, 이 부분에서 뛰어난 회사에 상을 주고자 시작됐는데 모토로라(Motorola), 제록스(Xerox), IBM 등 기라성 같은 기업들이 수상하면서 눈길을 끌었다. 현재는 제조업뿐만 아니라 중소기업, 서비스, 비영리, 의료, 교육 부문까지 시상 범위가 확대됐다. 이 중 의료 분야에서 유일하게 2011년과 2017년 2번 수상한 기관이 있는데, 바로 알래스카 앵커리지에 있는 사우스 센트럴 재단(Southcentral Foundation, SCF)이다.

SCF는 6만 5000명에 이르는 알래스카 원주민과 아메리칸 인디언의 건강을 돌보고 있다. 일반적으로 알래스카 원주민과 아메리카 인디언은 엄청나게 높은 알코올중독과 당뇨, 비만, 자살 비율로 몇 대에 걸쳐 고통받고 있는 소외 계층이다. 그런데 이들은 의료 체계에서도 철저히 외면받아왔다. 과거 '원주민 건강 서비스(Indian Health Service)'라는 조직이 그들을 위한 보건 의료 시스템을 담당했을 때만 해도 환자들은 1차 진료를 받으려면 수주일이 걸렸고, 심각하지 않은 증상을 치료받으려면 복잡한 응급실에서 몇 시간을 기다려야 했다. 무례하고 무성의한 대접을 견뎌야만 했음은 물론이다. 1953년 결핵요양원으로 문을 연 병원은 시간이 흐르면서 다양한 진료 과목을 추가했지만 차갑고 무관심한 분위기는 여전했다.

하지만 현재는 '누카 케어 시스템(Nuka system of care)' 아래 완전히 모습이 달라졌다. 참고로 누카는 알래스카 원주민 언어로 '커다란 생명체'를 뜻한다. 이 시스템은 알래스카 원주민이 직접 소유, 운영하고 있다. 전

직원의 55퍼센트, 보조 직원의 95퍼센트, 고위직 임원을 포함한 관리자의 60퍼센트 이상이 알래스카 원주민이다. 오후 4시 반까지만 오면 당일에 1차 진료를 받을 수 있다. 대기 시간은 평균 20분 미만이다. 직원 만족도 90퍼센트, 고객 만족도 97퍼센트에 달한다. 단순히 서비스만 좋아진 게 아니다. 의료 성과도 탁월하다. 몇십 년 전에는 알래스카 원주민의 생후 28일 이내 영아 사망률이 미국에서 가장 높았는데, 지금은 가장 낮은 수준을 기록하고 있다. 이 결과를 보고 전 세계 병원 및 공공보건 관계자들이 어떤 변화가 있었는지 직접 보고 배우기 위해 앵커리지까지 찾아왔고, 하버드 의과대학은 사례 연구를 행한 뒤 결과를 발표했다. 어떤 변화가 있었던 것일까?

알래스카 의회는 1997년 초 법안을 하나 통과시켰다. 알래스카 원주민들이 그들의 의료기관에 대한 소유권 및 관리권을 보유할 수 있도록 한 것이다. 사실 이 입법 과정은 쉽지만은 않았다. 그럼에도 불구하고 당시 CEO였던 캐서린 고틀리브가 강하게 밀어붙인 것은 알래스카 원주민들이 스스로가 병원의 주인임을 알고 자부심을 느껴야 제대로 된 치료가 가능하다고 봤기 때문이다.

SCF에서는 환자를 환자라고 부르지 않고 '커스토머 오너(customer owner)'라고 부른다. 알래스카 원주민들에게는 당뇨, 비만 같은 생활 질병이 많다. 병원에 와서 치료받는다고 낫는 것이 아니라, 평소에 좋은 생활 습관을 들여야 낫는다. 전적으로 본인의 제어에 달려 있는 셈이다. SCF는 커스토머 오너라고 불러야 원주민들이 스스로 '내 건강과 치유에 대한 근본적인 책임이 나에게 있고, 의사는 조언자에 불과하다'고 느끼면서 보다 적극적으로 행동할 거라고 봤다.

한 팀 8명으로 구성된 통합치료팀(integrated-care team)은 1200~1400명의 커스토머 오너를 치료한다. 팀에는 의사, 상담사, 영양사, 공인 간호조무사, 행정관리사, 약사, 행동건강 컨설턴트가 있다. 한 가정이 오랫동안 동일한 팀에게 관리를 받기 때문에 서로 모르는 게 없다. 의사는 병을 치료하고 행동건강 컨설턴트는 삶에 대한 의욕을 북돋아준다.

특히 치과 진료 서비스의 인기가 높다. 충치나 잇몸병을 치료하는 데 국한하지 않고 커스토머 오너와 정서적 교감을 만들기 위해 노력한다. 느긋하고 편안한 분위기에 사람들은 속마음을 드러낸다. '집에 먹을 게 없다', '자식이 약물에 빠진 건 아닌지 걱정된다', '배우자가 폭력을 행사한다' 같은 내밀한 이야기도 털어놓는다. 가만히 살펴보면, 치통 때문이 아니라 폭력적인 남편에게서 벗어나고 싶어서 찾아온 것이다. 이런 경우, 바로 조치가 취해진다. 정신 상담도 받을 수 있다.

당뇨 치료 성과도 놀랍다. 식단 조절, 운동, 수면, 스트레스 관리가 필수적이라는 것을 머리로는 이해한다. 하지만 행동으로 옮기긴 쉽지 않다. 이들은 50대 알래스카 원주민을 어떻게 설득할까? 그들은 십중팔구 손주가 있거나 언젠가 생길 것이다. 당연히 손주에게 사냥이나 낚시를 가르쳐주고 싶어 한다. 그래서 50대 남자들에게는 '당뇨는 시력 저하와 손끝 저림 현상이 온다'는 것을 더욱 강조한다. 그러면 손주에게 자신의 멋진 모습을 보여주기 위해 스스로의 힘으로 조절하려고 노력한다. 변화를 위한 내적 동기를 북돋는 데 집중하는 것이다.

가능한 한 커스토머 오너가 자발적으로 움직이길 기다리지만, 단 하나 FWWI(Family Wellness Warriors Initiative)라 불리는 가족 웰빙 프로그램만은 SCF의 강력한 주도하에 진행된다. 4박 5일 동안 하루 열네 시간씩 동

그렇게 둘러앉아 자신의 이야기를 하고 공동체의 역사를 되짚어보고 자신이 한 일 또는 당한 일을 평화롭게 받아들이려고 애쓰는 과정인데, 주로 고틀리브가 직접 진행을 맡는다. 과거의 트라우마와 숨겨진 수치심을 돌아보는 대단히 힘든 과정이지만 동시에 해방감을 느끼게 해준다.

SCF가 만든 커스토머 오너란 단어는 하늘에서 갑자기 떨어진 게 아니다. 원주민이라서 받던 차별과 열등의식, 이를 몰아내기 위해 무엇을 해야 하는가 심각하게 고민한 결과 나온 것이다. 새로운 법 제정도 필요했지만 원주민에게 주인 의식을 불어넣는 것도 그에 못지않게 필요했다. 디즈니가 고객을 '캐스트(cast)', 종업원을 '캐스팅 멤버(casting member)'라고 부른 것처럼 말이다. 모든 변화에는 단초가 필요하다. 어떻게 단초를 만들면 좋은지, SCF는 좋은 사례가 되어준다.

두려움의 문화로
휴대폰 사업을 포기한 노키아

핀란드의 국민 기업 노키아(Nokia)는 스마트폰이 등장하기 전까지만 해도 휴대폰 시장의 절대강자였다. 그러나 스마트폰의 등장과 성격이 불같은 CEO의 취임이 겹치면서 문제를 쉬쉬하는 '두려움의 문화'가 노키아 조직을 사로잡았다. 여러 가지 내외부적 원인이 있었지만 이런 문화 때문에 결국 성급하게 휴대폰 사업을 접게 됐다. 여러 번 부침을 겪은 끝에 두려움의 문화를 이겨낸 노키아는 네트워크 사업에 집중하면서 부활했다. 조직 구성원의 심리적 안정감이 얼마나 중요한지 단적으로 보여주는 사례다.

1865년 설립돼 150년 넘는 전통을 자랑하는 노키아는 핀란드의 국민 기업이었다. 1984년 휴대폰 사업에 뛰어들어 1990년대 전성기를 맞이했다. 1999년에는 휴대폰의 절대강자로 불린 모토로라(Motorola)의 시장점유율을 따라잡았다. 이후 전 세계 휴대폰 시장의 40퍼센트 차지하며 노키아의 세상을 열었다. 그런데 아이폰을 시작으로 스마트폰이 등장하면서 모든 것이 바뀌기 시작했다. 그러나 처음에는 누구도 노키아의 몰락을 예상하지 못했다.

아이폰, 안드로이드폰, 블랙베리가 각각 고급스러움, 깔끔함, 편의성을 내세우며 노키아의 뒤를 추격했지만, 핀란드의 거인은 새로운 운영 체계 심비안(Symbian)이 경쟁자를 저 멀리 밀어내리라고 확신했다. 추락은 순간이었다. 끝없이 시장을 잃은 노키아는 결국 2013년 휴대폰 사업을 마이크로소프트에 매각하게 된다. 무엇이 문제였을까?

"피처폰에 안주하느라 스마트폰 시대의 도래를 놓쳤다"는 지적을 가장 많이 받는다. 큰 그림으로는 맞는 이야기다. 그런데 노키아에도 전문가들이 충분히 있었다. 이들이 스마트폰 시대의 도래를 몰랐을 리가 없다. 실제로 스마트폰 시장을 착실히 준비하고 있었다고 한다. 그렇다면 뭔가 커뮤니케이션에 문제가 있었던 것은 아닐까?

안드레 스파이어 카스경영대학원 교수는 문제점이 빤히 보였다고 이야기했다. 한마디로 심비안은 형편없었다. 처리 속도가 너무 느렸다. 애플이 선보인 ISO 체제에 비해 한참 뒤처졌다. 노키아 직원들 역시 하루가 멀게 혁신을 거듭하는 수많은 스마트폰과 겨루기에는 자사 제품의 경쟁력이 떨어진다는 사실을 알고 있었다. 하지만 이들은 입을 다물었다. 스파이어 교수는 그 이유를 이렇게 설명했다. "직원들은 상부에 나쁜 소식을 전하기를 꺼렸다. 부정적인 사람으로 보일까봐 두려웠기 때문이다. 노키아에서 자리를 지키려면 낙관적인 전망만 공유해야 했다."

노키아가 별 볼 일 없는 회사라면 과감히 자기 의견을 이야기할 수도 있었을 것이다. 하지만 핀란드 최고의 직장, 전 세계에서 내놓으라 하는 회사 아닌가? 노키아 직원들은 어떻게 해서든 회사에서 인정받아야 했다. 경영진의 심기를 건드리지 않으려고 조심하는 것은 당연한 결과였다. 결국 상사의 무리한 요구에 낙관적인 보고만 하고, 요구를 제대로 수행하지 못하면

변명만 늘어놓는 보고서를 제출하는 게 거듭되면서 현재의 상황만 모면하면 된다는 악순환이 반복됐다. "항상 우리는 제품이 곧 출시된다고 보고했다. 개선하는 데 6개월 이상 걸리는 사안은 건드리지도 않았다"고 고백한 직원도 있었다.

핀란드 알토대학의 티모 뷰오리 교수와 인시아드의 응우옌 후이 교수 팀도 비슷한 연구 결과를 내놓았다. 그들은 2005년부터 2010년까지 노키아의 흥망성쇠를 함께한 엔지니어 76명을 심층 인터뷰했다.

엔지니어들이 휴대폰 사업의 실패 원인으로 꼽은 것은 회사의 잘못된 비전이나 전략의 부재가 아니었다. '두려움의 문화가 회사를 장악했기 때문'이라고 그들은 털어놓았다. "매사에 신경질적인 리더가 겁을 줘서 진실을 털어놓기 힘들었다"라는 고백이 이어졌다. 노키아 역사상 가장 신경질적인 인물로 꼽히는 올리 페카 칼라스부오 전 CEO는 목청이 터질 듯이 소리 지르는 인물로 묘사되곤 했다. 그가 직원들 앞에서 탁자를 너무 세게 친 나머지 그 위에 있던 과일이 모두 날아가버렸다는 소문이 돌기도 했다.

에이미 에드먼슨 하버드 경영대학원 교수는 심리적 안정감(psychological safety)의 중요성을 강조했다. 심리적 안정감이란 '동료들에게 본인의 원래 모습을 솔직하게 보여줘도 편암함을 느낄 수 있는 상태'를 지칭한다. 실수했을 때, 질문할 때, 심지어 회의 중 소수 의견을 냈을 때도 구성원이 심리적으로 편안함을 느껴야 한다. 이런 조직은 흔히 스피크 업(Speak-Up)이 자유롭다고 말한다. 구성원들이 솔직하게 의견을 개진하고, 업무 관행과 프로세스 개선을 위한 창의적이고 건설적인 아이디어를 자유롭게 제안한다. 조직에 부정적인 영향을 끼칠 수 있는 관행, 사건, 행동에 대해 직급의 구분 없이 자신의 소신을 말할 수 있다. 탁월한 리더십보다 좋은 기업 문화를 갖춘 기업을 더 훌륭한 회사도 인정해 주는 데는 다 이유가 있다.

노키아를 성공의 반열에 올려놓은 이는 요르마 올릴라다. 그는 1992년부터 2006년까지 14년간 노키아의 CEO를 역임했다. 그의 후계자가 앞서 말한 올리 페카 칼라스부오다. 2006년부터 2010년까지 CEO를 맡으면서 노키아를 '두려움 때문에 아무 말도 못 하는 조직'으로 만들었다. 침몰하는 노키아의 구원투수로 마이크로소프트 출신의 스티븐 엘롭이 등장한다. 2013년 휴대폰 사업부를 마이크로소프트에 매각한 장본인이다. 그 과정에서 엄청난 강도의 구조조정을 실시했다. 큰 보상을 받고는 마이크로소프트로 복귀한 탓에 '트로이의 목마'라는 욕을 먹기도 했다. 이후 7개월 동안 노키아에는 CEO가 없었다. 큰 혼란기였다. 다행히도 2014년 라지브 수리가 CEO를 맡으면서 부활의 길을 걷기 시작한다. 비록 휴대폰 사업부는 사라졌지만, 무선 네트워크 장비 사업의 강자로 떠오른 것이다.

현재 노키아에서는 두려움의 문화가 사라졌다. 구성원들이 열린 마음으로 창의적인 의견을 마음껏 표출하는 분위기로 바뀐 것이다. 2006년 새로운 리더가 등장했을 때 심리적 안정감이 보장되었다면 살아남을 수 있었을까? 물론 장담할 수 없는 이야기다. 성공에는 지속적인 혁신, 전문성, 독창성, 팀워크 등 다양한 요소가 필요하다. 하지만 2014년 새로운 리더의 등장으로 노키아가 심리적 안정감을 찾고 재기에 성공한 것을 보면, 조직은 두려움에서 벗어나는 것만으로도 얼마든지 성장할 수 있다.

참고문헌 : 《두려움 없는 조직(Fearless organization)》, 에이미 에드먼슨

맺음말

적극적인 행동가로서의 브랜드
: 브랜드 액티비즘(Brand Activism)

크리스티안 사카와 필립 코틀러는 그들이 공동 저술한 책인 《브랜드 액티비즘(Brand Activism : From Purpose to Action)》에서 브랜드가 하나의 사회적 존재로서 그 추구 가치와 목적을 단순히 소비자의 마음속에 표상하는 것을 넘어 관련된 각종 사회적 이슈에 적극적으로 참여해 목소리를 내며 행동하는 현상을 브랜드 액티비즘(Brand Activism, 브랜드 행동주의)라고로 개념화했다. 그들은 또한 "브랜드 액티비즘이란 공공선(公共善)을 증진시키기 위해 사회적 책임을 수행하겠다는 기업의 선언이다. 아무것도 하지 않는 것은 행동하는 것보다 리스크가 크다"고 주장했다.

물론 과거에도 브랜드의 사회적 기여에 대한 요구는 꾸준히 있어왔고, 이런 요구들은 코즈 마케팅(Cause Marketing, 경영 활동을 사회적 이슈에 연결시키는 마케팅) 등을 통해 꾸준히 실천되어왔다. 기존 코즈 마케팅이 마케팅에서 시작해 사회로 나아가는 것이었다면, 브랜드 액티비즘은 사회에서 출발해 마케팅으로 나아가는 것이라 볼 수 있다. 한마디로 브랜드 액티비즘이란 "브랜드가 세계관과 인격을 가진 사회적 존재로서 각종 사회적, 정치적, 경제적 또는 환경적 이슈에 참여해 목소리를 내고 적극적인 행동을 함으로써 사회의 긍정적 변화를 만드는 노력"이라고 정의할 수 있다. 그리고 이에 공감하고 추종하는 소비자는 단순히 브랜드의 소비 주체인 고객의 역할을 넘어 '브랜드 시민'으로 진화하게 된다. 지금까지 살펴본 25곳의 브랜드들은 모두 브랜드 액티비즘에 충실한 사례들이다.

브랜드 액티비즘이 부상한 이유

그렇다면 브랜드 액티비즘이 부상하게 된 배경은 무엇일까?

우선 소비자 의식 및 행동의 변화를 꼽을 수 있다. 지금까지 브랜드의 주된 역할은 제품의 기능적 혹은 감성적 가치를 대변하거나 소비자 자신을 표현하는 상징으로서 작동하는 것이었다. 하지만 이제 소비자들은 브랜드에 대해 그 이상의 역할을 기대하고 있다. 선도적이고 적극적으로 사회적 역할을 수행하는 훌륭한 인격체 같은 브랜드를 원하는 것이다. 그래서 그들이 공감하고 추종할 수 있는 대상이 되기를 기대한다. 달콤한 말과 아름다운 장식으로 빛나는 브랜드가 아니라 사회의 불의에 소리내며 행동하는 브랜드에 박수를 보내고 있다. 미국에서 경찰의 흑인 과잉 진압 논란으로 흑인과 유색인종에 대한 차별 이슈가 급부상한 2016년 8월 당시 NFL(미국프로풋볼리그) 샌프란시스코 포티나이너스 쿼터백이었던 콜린 캐퍼닉은 경기 시작 전 국가 제창을 거부하고 기립하는 대신 무릎을 꿇는 퍼포먼스를 통해 인종차별에 대한 침묵시위를 했다. 미식축구뿐만 아니라 다양한 분야의 스포츠 선수들이 그의 퍼포먼스에 동참했고 인종차별 반대와 평등을 외치는 많은 사람들의 지지를 얻었지만, 동시에 트럼프 대통령을 포함한 보수주의 성향 사람들의 강한 반대여론을 만들어내기도 했다. 사회 분열을 부추겼다는 논란 속에 2017년 3월 팀과 계약이 만료되고 자유계약선수가 되었지만 그를 원하는 팀이 없어 선수 생활을 이어가지 못했다. 그러던 2018년 9월 나이키가 저스트 두 잇 슬로건 발표 30주년을 맞아 실시한 드림 크레이지(Dream Crazy) 캠페인의 메인 모델로 캐퍼닉을 발탁한다. 이 광고에 반발한 일부 보수주의적 소비자들은 나이키 운동화를 태우거나 찢는 사진들을 소셜 미디어에 올리면서 불매 운동을 선언했다. 도널드 트럼프 대통령 역시 트위터를 통해 공개적으로 비판하는 등 사회적으로 큰 파장을 불러일으켰다. 나이키는 이런 반대의 목소리에도 캐퍼닉을 "스포츠의 영향력을 이용해 세계를 발전시키는 데 기여한, 근래 가장 영감을 준 인물"이라고 밝히며 30주년 캠페인을 끝까지 진행할 것임을 분명히 했다.

또한 소비자들의 높아진 사회적 참여 지향성은 트랜스미디어 환경과 접목되면서 보다 적극적이고 강력하게 브랜드에 대한 영향력을 행사할 수 있게 되었다. 《컨버전스 문화(convergence culture)》의 저자 헨리 젠킨스 남캘리포니아대학 교수는 '참여적 문화'는 단지 기술적인 수준에 따라 완성되는 것이 아니라 소비자의 손으로 직접 완성된다고 주장했다. 이 책에서 언급되는 '트랜스미디어 스토리텔링'은 매체의 제약을 초월해 개인의 경험이 가공된 이야기 형태로 여러 가지 플랫폼을 통해 전달되는 것을 의미한다. 소비자들은 이제 브랜드 스토리의 수용자를 넘어 참여자로 부상하며 직접 콘텐츠를 만들고 공유하며, 비단 인플루언서가 아니더라도 자신의 의견을 과감하게 콘텐츠로 표현하고 있다. 결국 소비자들의 의식 변화는 그들의 브랜드에 대한 높아진 영향력과 결합되어 기업의 브랜드 액티비즘으로 이어지고 있다.

　기업 입장에서도 소비자들의 브랜드 충성도를 강화시키기 위해 브랜드 액티비즘 개념을 브랜드 관리 활동에 반영할 필요를 느끼고 있다. 최근 '파워 브랜드(Power Brand)'와 조금 차별화된 개념으로 '선망받는 브랜드(Admired Brand)'라는 개념이 부각되고 있다. 흔히 브랜드의 자산가치를 형성하는 원천들에 대해 얘기할 때 '브랜드 자산가치 피라미드(Brand Equity Pyramid)'를 언급한다. 즉, 어떤 브랜드의 자산적 가치를 구성하는 요소들은 세 단계로 구성된 피라미드 모양의 계층 구조로 설명할 수 있다는 것이다. 가장 낮은 단계는 브랜드 인지도(brand awareness), 다음 단계는 브랜드 연상 이미지(brand associations), 그리고 마지막 단계는 브랜드 충성도(brand loyalty)다. 그런데 '선망받는 브랜드'란 피라미드 꼭대기인 브랜드 충성도가 가장 높은 단계에 도달한 브랜드를 지칭한다. 소위 강력한 팬덤이 형성된 브랜드라고 할 수 있다. 내놓는 곡마다 빌보드 차트 최상위를 차지하게 만들었던 BTS의 팬클럽 아미(Army)를 떠올리면 쉽게 이해될 것이다. 인터넷과 소셜 미디어로 전 지구가 하나로 연결된 세상에서는 전 세계에 걸친 강력한 팬을 보유한 브랜드만큼 위력적인 것은 많지 않다.

우리는 어느 분야의 브랜드 액티비즘을 추구해야 하나

브랜드 액티비즘은 그 대상 영역에 따라 크게 6가지 유형으로 나뉜다. 경영 · 정치 · 환경 · 경제 · 법 · 사회가 바로 그것이다. 예를 들어, 성평등이나 인종 차별 반대 등의 이슈라면 사회적 액티비즘으로, 기후 문제나 환경오염 방지 등의 이슈라면 환경적 액티비즘으로, 협력업체와의 상생이나 최소 임금 등의 이슈라면 경제적 액티비즘으로 구분할 수 있다.

그렇다면 기업은 어떤 영역에서 브랜드 액티비즘을 실천할 것인가? 이 질문의 대답은 기업의 브랜드가 추구하는 핵심 가치와 세계관이 무엇인지를 숙고하고 명확히 정의하는 것에서부터 출발해야 한다. 즉, 어떤 브랜드가 영역을 택하기 전에 자신의 본질을 먼저 파악해야 한다는 것이다. 자신의 핵심 가치가 무엇인지 깊게 고민하고, 그것을 강화하는 방향으로 브랜드 액티비즘 활동을 계획하는 것이 바람직하다. 예를 들어, 스포츠웨어 브랜드가 평등을 핵심 가치로 삼는다면 '운동에서는 젠더나 나이가 상관없다'는 메시지를 만들어 실천해 나가면 될 것이다. 브랜드 아이덴티티에 맞지 않는 이슈는 어차피 공감받기 어렵다. 브랜드의 본질을 바탕 삼아 자신만의 가치를 설정한 뒤 그 가치에 부합하는 메시지와 행동을 전개해야 한다.

리바이스 뮤직 프로젝트(Levis Music Project)는 사회적 액티비즘의 좋은 사례다. 리바이스가 2015년 시작한 이 프로젝트는 각 나라의 많은 유명한 뮤지션들과 협업해 음악을 배우고 음악가가 되고 싶어 하는 지역 청년들에게 무료로 수준 높은 음악 교육과 함께 데뷔 기회를 만들어 준다. 2017년에는 미국의 래퍼이며 배우이자 유명 프로듀서인 스눕 독과 협업해 큰 호응을 얻었다. 2020년에는 말레이시아편 리바이스 뮤직 프로젝트를 통해 200명의 참가자 중 선정된 4명의 아티스트에게 레코딩 기회와 함께 리바이스의 온라인 무대인 리바이스 버츄얼 쇼케이스(Levis Virtual Showcase)에 공연 영상을 제공했다. 리바이스가 지향하는 청년의 꿈을 이룬다는 사회적 가치를 음악이라는 독창적이면서 파급력 높은 영역에서 실천함으로써 많은 공감을 얻은 사례다.

래리 핑크의 편지 한 통이 방아쇠를 당겼지만, 주주 자본주의에서 이해관계자 자본주의로의 흐름은 그전부터 있어왔다. ESG라는 단어가 새로운 것처럼 보이지만, 실은 지속가능 경영을 뜻하는 여러 흐름 중 하나이다. 거대 자본도 이 흐름을 무시할 수 없다. MZ세대의 부상은 이를 더욱 가속화시키고 있다.

필자들은 이 책에서 오랫동안 사랑받는 브랜드를 만드는 데 도움을 줄 ACES 모델을 소개했다. 그리고 각각에 대해 타산지석으로 삼을만한 사례들을 살펴봤다. 이러한 사례를 바탕으로 이제 자신에게 적합한 브랜드 액티비즘을 실천해 보자. 25개의 사례는 좀 더 의미있는 활동을 기획하는 데 좋은 참고가 되길 바란다.

왜 파타고니아는 맥주를 팔까

초판 1쇄 발행 2022년 7월 22일
초판 5쇄 발행 2022년 10월 11일

지은이 신현암, 전성률
펴낸이 유정연

이사 김귀분
책임편집 신성식 **기획편집** 조현주 심설아 유리슬아 이가람 서옥수 **디자인** 안수진 기경란 디자인붐
마케팅 이승헌 반지영 박중혁 김예은 **제작** 임정호 **경영지원** 박소영

펴낸곳 흐름출판(주) **출판등록** 제313-2003-199호(2003년 5월 28일)
주소 서울시 마포구 월드컵북로5길 48-9(서교동)
전화 (02)325-4944 **팩스** (02)325-4945 **이메일** book@hbooks.co.kr
홈페이지 http://www.hbooks.co.kr **블로그** blog.naver.com/nextwave7
출력·인쇄·제본 성광인쇄 **용지** 월드페이퍼(주)

ISBN 978-89-6596-519-0 03320